U0813409

朕说历史
春秋篇

朕说 编绘

人民东方出版传媒
東方出版社

图书在版编目（CIP）数据

联说历史 · 春秋篇 / 朕说编绘 .— 北京 : 东方出版社 , 2021.7
ISBN 978-7-5207-2151-6

Ⅰ . ①朕… Ⅱ . ①朕… Ⅲ . ①中国历史 – 春秋时代 – 通俗读物 Ⅳ . ① K209

中国版本图书馆 CIP 数据核字 (2021) 第 075081 号

朕说历史 · 春秋篇
（ZHENSHUO LISHI · CHUNQIU PIAN）

编　　绘：朕　说
责任编辑：刘　峥
出　　版：东方出版社
发　　行：人民东方出版传媒有限公司
地　　址：北京市西城区北三环中路 6 号
邮　　编：100120
印　　刷：河北华商印刷有限公司
版　　次：2021 年 7 月第 1 版
印　　次：2021 年 7 月第 1 次印刷
开　　本：880 毫米 ×1230 毫米　1/32
印　　张：10
字　　数：115 千字
书　　号：ISBN 978-7-5207-2151-6
定　　价：49.80 元
发行电话：（010）85924663　85924644　85924641

版权所有，违者必究
如有印装质量问题，请拨打电话：（010）85924728

黄桑

一个集贱萌与贪吃于一身的皇帝，

日常抖机灵，

毒舌侃八卦，

资深“穷（哔——）肥宅”，却胸怀整个天下。

小太监

善良可爱，敏感细腻，
照顾黄桑的饮食起居，
是宫里深得人心的小暖男。

锦衣卫（保安）

宫里的“颜值担当”，
身手不凡、冷酷面瘫，
原是被派来刺杀黄桑的杀手，
被黄桑当场高价收买。

朕说宫廷档案 绝密

然鹅

一只永远都吃不饱的鹅，
处于食物链的最底层，
是黄桑的宠物，
虽然一直被黄桑欺负，
却幻想着有一天能制霸皇宫，
嫦鹅的男朋友。

蛋是

一只有着特殊蛋蛋的柴犬，
看家护院，
皇宫必备。

大利

一只暴脾气的大鸡，

皇宫年度吉祥物，

被赐号“大鸡大利”。

目录

第一章

春秋历史太过乱乱乱？朕这就给你捋直了

——春秋历史脉络

说起春秋战国的历史，很多人脑中就一个想法：

乱！

很乱！

非常乱！

对于很多同学来说，他们对春秋战国的大概印象就是——

一堆诸侯国突然从大地上冒出来，

玩起了打仗杀人的血腥比赛。

这段历史更是愁坏了考场上的祖国的花朵、伟大事业的接班人。

那么，朕既然如此博学多才又可爱，

就先捋一捋**春秋史的脉络**吧。

商朝末年，**商纣王**花样作死，又残暴又骄奢淫逸，
不仅在酒池肉林里没羞没臊地开裸体party，
还发明了炮烙之刑，不开心时把人当烤串烤了玩，
引起了老百姓的强烈不满。
于是**周武王姬发**起兵讨伐纣王。
这就是真人版的**《封神榜》**。

灭掉商朝之后，一个大难题摆在周朝人面前：
国土太大、民众太多，非常不好统治。

周武王的弟弟**周公旦**

想出一个绝妙的解决方案——

把土地分出去，

让宗室、功臣、前朝贵族都得到一块土地，成为一国**诸侯。**

这就是传说中的**“分封制”**。

然后，诸侯国君管理好自己的地盘就好。

但诸侯国得服从周天子的命令，

听周天子调遣，给周天子纳贡。

从此——

蛋是

~~大周百姓都过上了幸福的生活。~~

理想很丰满，现实很骨感。

到了西周末年，周朝出了两个奇葩天子——

一个是**周厉王**。

他暴虐成性不说，还不准百姓议论他的过失，

① 傻缺：网络词汇，常用于因为失误或犯下低级错误而为大家带来快乐的一类人。

搞得老百姓**只能通过眼神来交流。**

▼

另一个是**周幽王**。

为了博宠妃褒姒一笑，他竟然点燃烽火，

谎报犬戎入侵的军情，

把率兵前来勤王[1]的诸侯当“猪”“猴”来耍！

后来犬戎大军真杀过来了，**周幽王**又点燃烽火，

诸侯却再也不信。

于是，犬戎攻破西周都城，杀死了**周幽王**。

在败家子的不断作死中，**周王室的威信一天不如一天。**

周幽王死后，他儿子**周平王**继位。

旧都镐（hào）京已经变成废墟，

周平王只能把王城迁到东边的洛邑，也就是现在的洛阳。

洛阳在东边，所以叫**东周**。

① 勤王：君主制国家中君王有难，臣下起兵救援君王。

东周又分为两段，前半段就叫**春秋。**

进入春秋时代后，诸侯国君再也不把周天子爸爸看在眼里，

把周公当年精心设计的制度踢到一边，

正式开启了**诸侯争爸**（大误）**霸赛。**

一共有五位选手从这场比赛中胜出，

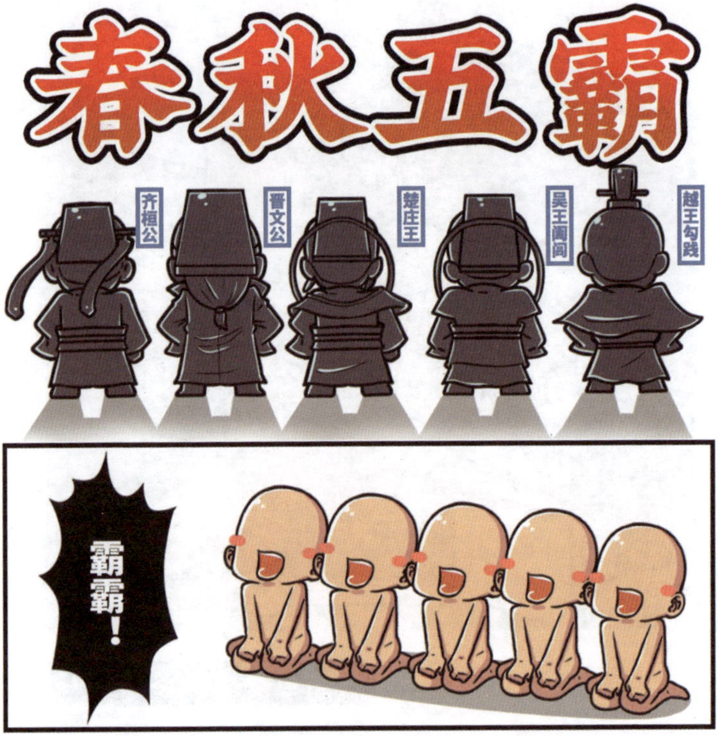

成为诸侯们都拜服的“爸爸”，史称**“春秋五霸”**。

第一位霸主是**齐桓公，**

他任用管仲进行**改革，**让齐国强大起来。

其霸主地位得到了周天子的认可。

不过好景不长，齐桓公生病了。

他的儿子们忙着打架、争位子，

齐桓公**被活活渴死、饿死了，**

尸体摆在那儿六十七天都没人收拾，

尸蛆都可以在上面蹦迪了。

趁着齐国内乱，第二位霸主**晋文公**趁机上位。

他和**齐桓公**一样，继位之前，在国外**流亡**了十多年，

回国夺得国君之位时，都已经**六十多岁**了。

虽然晋文公的半截身子都入了黄土，但在晋文公的带领下，

晋国迅速强大起来，百年霸业就此**奠定基础。**

只不过，晋国霸业面临一个强大敌国的挑战，

那就是**楚国。**

在**楚庄王**时期，楚国一度打败晋国，

让中原一大堆给晋国当乖儿子的小国，

纷纷跪下来叫楚国爸爸，

楚庄王就成了第三位霸主。

晋国当然不服气，为了争夺霸主位，多次跟楚国battle，

互有胜负，很长时间内**轮流坐庄。**

为了打败楚国，晋国默默在包邮地区扶持了一个帮手，

——吴国。

终于有一天，吴国大军在伍子胥的带领下攻入楚国王城，

在背后捅了楚国一刀。

吴王阖闾（hé lǘ）也就顺理成章成了第四位霸主。

楚国也没闲着，为了对付吴国，

也默默扶持了同样在包邮地区的**越国。**

就在吴国暗算楚国时，越国随后暗算了吴国。

靠着这一波很666[1]的微操，

① 666："牛牛牛"的谐音，用来形容某物或某人很厉害，令人折服。

越王勾践成了春秋最后一位霸主。

只不过勾践和其他霸主不一样，直接把吴国**彻底搞死了。**

以前的霸主称霸，好歹还讲点道义，

齐桓公还扯出“尊王”的大旗装样子。

除了那种一碰就死的小诸侯国外，

大家一般**不随便搞死一个大国，**攻占了这些国家后，

还是会允许这些国家系统重启，再复国。

但到了越王勾践这里……

这其实预示着，争霸战马上就要转变为淘汰赛，

更惨烈的战国时代就要到来了。

这部分内容，我们在《战国篇》里再细说。

第二章

奔跑吧，公子！

——齐桓公即位争霸

春秋时代有五位风骚一时的霸主，

其中霸主的初代目[①]就是——**齐桓公**。

虽然他的名字叫**小白**，萌萌哒，一点都不霸气。

齐国的来历也不简单，

第一代国君，就是**《封神榜》**里的**姜子牙**。

在辅佐**周武王**打下江山后，他被分封到了东边的**齐**。

姜子牙贤明有德，可惜**不肖子孙太多**。

比如第十四代国君**齐襄公**，

① 初代目：源于日本动漫《火影忍者》，是第一代元老的意思。

在位期间非常荒淫无耻，

和同父异母的妹妹**文姜**，玩起了羞羞的**德国骨科**[①]，

不仅给妹夫**鲁桓公**戴**绿帽子**，

最后还干脆下黑手，把人给杀了。

好在齐襄公还有两个有出息的兄弟——

公子小白和**公子纠**。

眼见齐国局势乱成**一锅粥**，他们就分别在各自的师傅——

鲍叔牙和**管仲**的保护下**出逃他国**。

公子小白逃到了**莒**（jǔ）**国**，公子纠逃到了**鲁国**。

① 骨科：此处为网络词汇，形容兄妹恋。

果不其然，齐国随后大乱，

齐襄公被杀，齐国处在**混乱无主**的状态。

于是，公子小白和公子纠玩起了争夺王位的游戏：

谁先回到齐国，

谁就能成为齐国之主。

公子纠的师傅**管仲，**暗地里玩起了**阴招，**

埋伏在小白回国的路边，**射了他一箭，**

可惜只射中了**衣带钩。**

机智的小白**干脆装死，**不仅躲过一劫，

还成功**麻痹**了公子纠，自己趁机加大油门**赶回齐国，**

坐上国君宝座，成为齐桓公。

公子纠只好再跑回鲁国。

齐桓公刚即位，第一件事就是**报仇，**

派大军把支持过公子纠的**鲁国**打得跪地求饶。

但齐桓公不想亲手杀死兄弟，

以免背上**“心肠太黑”**的恶名，于是就逼鲁国动手，

干掉公子纠，交出管仲。

管仲在好友**鲍叔牙的帮助下，**

不仅没死，反而**得到了齐桓公的重用。**

在齐桓公和管仲的**共同经营**下，

齐国的实力噌噌地往上涨，

逐渐成了列国共同的**话事老大哥。**

北方的**燕国**很命苦，被游牧部落**山戎**打得差点亡国。

可惜名义上的家长**周天子**，现在成了自身难保的**尿包，**

燕国只能**找齐国求救。**

齐桓公二话不说，就派兵把山戎**打得满地找牙。**

燕国国君很感动，亲自送齐桓公回国，

一个不小心，**送过了两国边界。**

按照当时的礼法，**送人送出国界，只能是送天子的礼仪。**

齐桓公又不是天子，这种搞法岂不是**很无礼？**

但齐桓公也有解决办法——

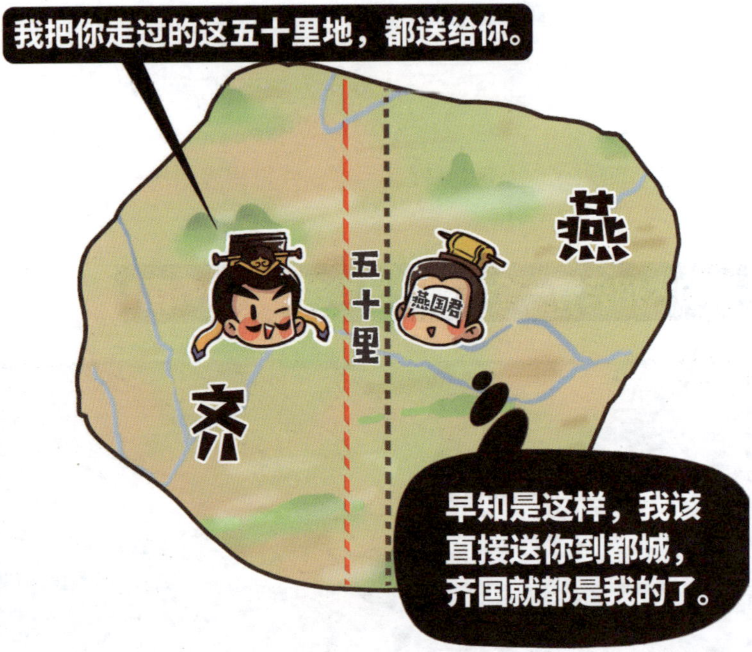

齐桓公这位话事大佬，**既帮小弟打架，还能送小弟土地。**

别的国家纷纷竖大拇指点赞：齐国太仁义了！服了！

齐桓公干脆打出了**“尊王攘夷”**的大旗，

上面护着周王，下面罩着一群小弟，还在**葵丘**这个地方，

召集列国搞了个大**party，**连周天子都派人来参加。

齐桓公的霸主地位得到了官方认证。

齐桓公不仅在国家大事上很**讲究礼法，**

对待**家庭成员**也绝对不含糊。

他的妹妹**哀姜**嫁给了鲁庄公，却和**小叔子**搞在了一起，

两人串通一气，连杀两位鲁国君主，最后**还想自己上位。**

哀姜如此淫荡放肆，让齐桓公觉得**很没面子，**

为了**维护~~自己的形象~~世间正义，**

齐桓公直接把哀姜召回齐国，**杀了。**

虽然齐桓公对霸业这么上心，但到了**晚年，**

开始宠幸三个大奸臣：**竖刁、易牙、开方。**

这三大奸臣为了讨好齐桓公，都**各有一手。**

▼

竖刁为了方便进出后宫，有更多时间和齐桓公腻在一起，

竟然**挥刀自宫，**

当了宦官。

易牙把厨艺天赋点满①，

为了让尝遍世间美味的齐桓公吃点别样的食材，

竟然把自己**三岁的儿子杀了，煮人肉给齐桓公吃。**

还有一位奸臣**开方**，本来是**卫国国君的公子**，

为了讨好齐桓公，竟然甘愿**放弃尊贵的身份**，

声称愿意给齐桓公**当马夫**，连**亲爹死了都不回去。**

① 天赋点满：来源于游戏，天赋点满后，人物可以放大招。

刚好一代贤相管仲**得了重病**，眼看就要玩儿完，

齐桓公想把**宰相的位置**传给三大奸臣中的一个。

然而管仲看出了破绽——

超乎人之常情的爱，背后肯定别有目的。

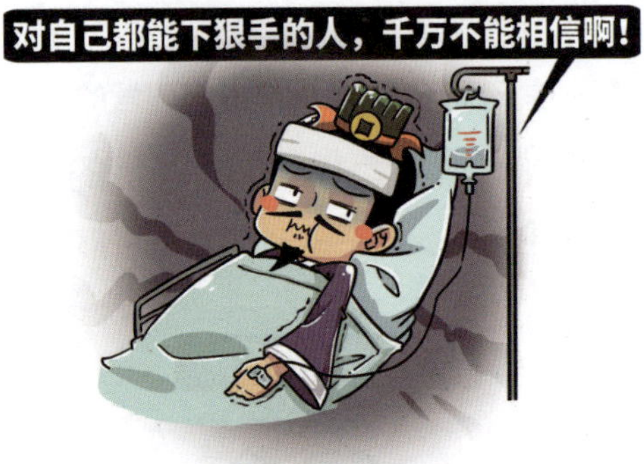

可惜齐桓公不听。

管仲**病逝**以后，他**依然重用**这三位奸臣，

再加上他**五个儿子也都是大混账，**

于是，齐桓公重病期间，**五个兔崽子勾结三大奸臣，**

上演了齐国的老戏码——**宝座争夺大作战！**

齐国又乱成一片……

他们封闭宫门，不准任何人出入。

最终，**一代霸主小白同学被活活饿死在病床上。**

尸体摆了六十七天，**尸蛆**都爬出窗外了，也没人去给他**收尸**，

简直**惨绝人寰**！

齐桓公一死，因为**不肖子孙**实在太多，

齐国国势日益衰落，齐国大权也旁落到了**田氏**手里。

最终田氏**篡夺了齐国**，姜姓齐国彻底完蛋，

画上了一个**耻辱的句号**。

（田氏齐国还有戏哦）

第三章

霸道总裁背后的男人

——管仲辅助齐国强大

前文我们说到了“**春秋五霸**”之一的**齐桓公**小白同学，

不过霸道总裁小白的成功，离不开一位牛人的辅佐，

他就是——

虽说**管仲**是**周穆王的后裔**，祖上好歹也阔过，

但到他这一代，家里**穷得叮当响**，还得赡养老母，

经济压力可不是一般大。

他只好和好朋友~~鲍牙叔~~（大误）**鲍叔牙**一起合伙做生意。

做生意嘛，管仲又**没多少本钱**，大头当然是鲍叔牙出的。

不过赚到的钱，管仲却让**自己分了大头。**

难得的是，管仲吃相这么难看，**鲍叔牙一点也不生气。**

鲍叔牙托管仲办事，结果管仲出了**馊点子**，

把事情越搞越砸，但鲍叔牙还是**一点也不生气。**

管仲几次当官**被解雇**，吃瓜群众都觉得管仲肯定是个**庸才。**

但鲍叔牙却说——

管仲打仗上战场，三次看见风头不对，

撒丫子就从战场上逃跑，**当了逃兵。**

别人都讥笑管仲**怕死、太屃，**

还是鲍叔牙站出来**为他说话**——

啥叫真心朋友？啥叫交心的知己？

管仲和鲍叔牙这一对cp就是天底下难得的——

真•一辈子好朋友。

后来的剧情，上回讲**齐桓公的故事**时已经说过了，

管仲和鲍叔牙**分别辅佐公子纠**和**公子小白，**

玩起了**齐国宝座抢夺大作战，**胜利者是**小白同学。**

小白要让功臣排排坐分糖果，**首功**当然是鲍叔牙。

鲍叔牙却建议小白**重用管仲。**

当时落败的管仲流亡在**鲁国。**

齐桓公向鲁国方面下达最后通牒：

必须交出管仲！

鲁国也**get**到管仲是个人才，并不想放管仲走，

甚至准备**干掉管仲，**

让齐国只得到一具没用的死尸。

好在鲍叔牙预判到了这种情况，让齐国使臣告诉鲁国：

管仲罪大恶极，必须活捉回齐国，

由国君亲手~~手撕~~（大误）**处死！**

真等管仲一回齐国，小白立马就重用他。

齐国开启了轰轰烈烈的**霸业时代。**

1

首先管仲开始**加强中央集权，整顿行政管理系统。**

最关键的是，

他还搞出一套**针对官员的KPI考核机制**——

根据**政绩**决定官员的**升迁任免，**

让更多有才干的人，能够有**出头**的机会。

没本事的人，**就哪儿凉快哪儿待着去。**

2

在军事方面，管仲提出要**“强军”，**

提高齐国民兵的动员力。

他将军队扩大为“三军”，一共有三万人。

这支在春秋时代规模庞大的军队，让齐国霸气侧漏，

“尊王攘夷”的口号才能**变为现实。**

毕竟**山戎人**之类的“蛮夷”，

不是你想“攘”就能“攘”的，

得有**军事实力作保证**才行。

当然，最重要的是**经济方面的改革。**

管仲说过一句很有名的话：

仓廪实而知礼节，衣食足而知荣辱。

想让老百姓**守礼节、知荣辱，不做为非作歹的事，**

只用刑罚威慑是不行的，还得把经济搞上去，

人人都有饭吃、有衣穿。

所以他提出：**要让老百姓的钱包都鼓起来。**

凡治国之道，必先富民。民富则易治也，民贫则难治也。

管仲**奖励农商、发展生产，**

根据土地好坏，向农民征收**赋税，**

让农民种地的积极性飙升不少。

齐国靠近大海，**渔业、盐业**资源丰富。

管仲利用这一点干脆**免除渔盐关税，**

让齐国的鱼和盐**自由出口到其他诸侯国。**

贸易发展起来，财富也滚滚而来。

4

管仲最风骚的操作，是设立了国营大保健场所——

女闾。

女闾**紧邻**齐桓公的后宫，有性工作者七百人，

可以说规模非常宏大了。

女闾的设立，

不仅让找不到对象的齐国**屌丝青年**有了宣泄的地方，

还**增加了国家收入。**

最让人意想不到的是，

此举也吸引了大量其他诸侯国的**商人**来齐国做生意，

很多诸侯国的人才也纷纷赶赴齐国来发展，

简直**“一举N得”**。

5

管仲不仅内政能力天赋点满，

对外的经济战玩起来也得心应手。

为了削弱南方强国**楚国**，

他让**齐桓公**出高价收购楚国的特产——**鹿**。

这玩意儿在楚国漫山遍野都是，**压根不值钱。**

楚国老百姓一看，挣钱这么容易，**那还干什么农活啊！**

无论男女老幼，都很happy地**上山捉鹿。**

另一方面，管仲又派人到齐国和楚国民间**大量收购粮食。**

等到楚国**靠卖鹿**赚够了大量的**钱币，**齐国立刻**封锁边界，**

并且**阻挠**楚国到其他诸侯国**购粮食，**楚国瞬间粮价疯涨。

据说这一回，大量楚国**难民**逃亡，

逃往齐国的人口，就占总人口的十分之四，

楚国**元气大伤。**

不仅如此，管仲还用类似的经济战手段，

对付过**鲁国、代国**等一大堆诸侯国，每一次都**大获成功。**

让**齐国富强**起来，再让齐国的**敌国被削弱。**

下一步，**霸业唾手可得。**

于是在管仲的建议下，齐国打出**"尊王攘夷"**的大旗，

把吉祥物**周天子**重新尊崇起来。

然后，**山戎打燕国，我去救；北狄打邢国，我还去救。**

……………

想象一下，要是没有管仲的话，中原各国**不能团结，**

说不定，**山戎人早就把华夏列国灭掉了。**

连孔子都说：

微管仲，吾其被发左衽矣。

意思是说：

没有管仲，我们恐怕就得像野蛮人那样，

披着头发，穿衣襟向左掩的衣服了。

可以说，没有管仲，或许就没有**强大**的齐国，

也就没有齐桓公的**霸业，**

怪不得连**三国时期**的**诸葛亮**都把管仲当成**偶像。**

只不过，就像大部分历史一样，

登场是喜剧，发展是正剧，收场却是大大的悲剧。

管仲的故事也不例外。

齐桓公晚年，开始宠幸**竖刁、易牙、开方**三大奸臣。

管仲病重之时，还**劝过**齐桓公：

超乎人之常情的爱，背后肯定别有目的。

可惜齐桓公**并没有听从。**

管仲一死，齐国局势向着**不可控**的局面发展，

最终一场大乱爆发，**齐国的霸业就此完蛋。**

第四章

打不赢？我有无敌嘴炮！

——晏婴苦撑，齐国回光返照

齐桓公一死，齐国霸业game over，

但是离姜姓齐国彻底灭亡还有二百六十多年。

在这漫长的时间里，齐国也有**回光返照**的时候，

这要归功于一个牛人——**晏婴！**

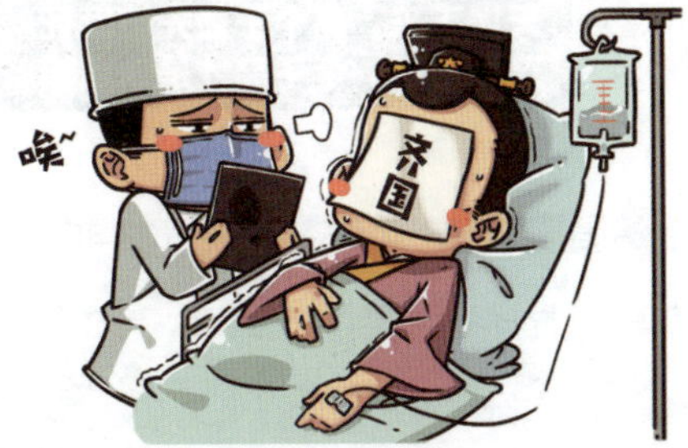

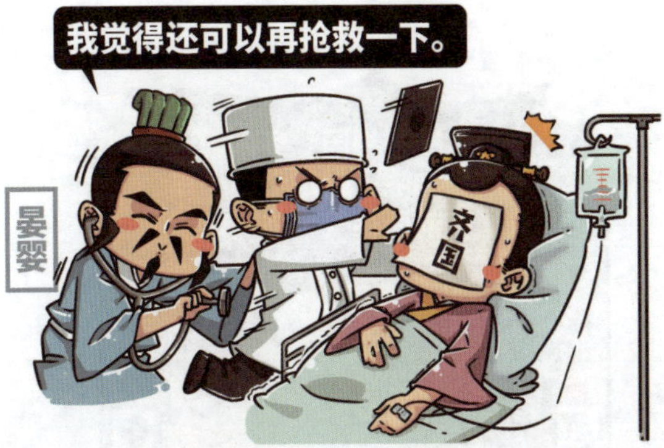

牛人晏婴呢，是个**脱离了低级趣味**的人。

虽然在齐国当大官，

但穿的是**粗布衣服，**妻妾也都不穿丝绸；

吃的都是**粗茶淡饭，**基本不吃大肉；

住的也是闹市中的**一处陋室，**可以说**非常节俭。**

不过他也有一个糟心的缺点——个子太矮。

给晏婴驾车的**专车司机**却长得非常帅，

坐在前排爱摆各种酷酷的pose，显得**趾高气扬。**

有一回老司机开着车路过家门口，被他老婆看见了，

下班回家以后，老婆就**闹着要和他离婚。**

后来晏婴发现他家的老司机收敛不少，

得知是司机老婆教导有方，司机也算**知错能改，**

特别欣赏，干脆**提拔他当了官。**

晏婴这一辈子经历了**齐灵公**、**齐庄公**、**齐景公**三朝，

哪怕齐国局势再混乱，他都能屹立不倒，

还生生把一个半死不活的齐国，搞得回光返照了一把。

这除了需要无懈可击的**道德水准**外，

还需要一项逆天的才能——~~睡~~（划掉）说服术！

简称：有智慧属性的**嘴炮攻击魔法**。

不过，这三位国君也都不是让人省心的主儿。

第一位**齐灵公**，

有一种十分高（bian）雅（tai）的**癖好：**

最爱看妹子**女扮男装。**

于是宫里的妹子全都穿男装。

没想到风气传到宫外，

全国的妹子都捕捉到这种**时尚趋势，**纷纷穿着男装上街。

这时候齐灵公反倒怕了，觉得风气蔓延全国不是好事，

便下令禁止女人穿男装上街。

可是哪怕冒着被撕破衣服的风险，
齐国的妹子们还是把男装照穿不误。
齐灵公就很**费解**了，去请教晏婴。
晏婴一下指出了问题所在：
允许宫里的女人扮男装，却不允许宫外的妹子效仿，
这就相当于**在宫门外挂牛头，但在宫里卖马肉啊！**

太荒谬了！

成语“挂羊头卖狗肉”，就出自这个故事里的“挂牛头卖马肉”。

听晏婴这么一比喻，齐灵公瞬间领悟，
赶紧下令，让宫里也一并禁止女扮男装，
果然这种风气就**彻底消失**了。

虽然有时也听晏婴的话，
但齐灵公总体上是个**昏庸无能**的君主。
当时晋国称霸中原，
齐灵公不清楚自己几斤几两，反倒**想挑战晋国的霸业，**
结果被晋国率领一帮小弟，打得连亲妈都不认识。
齐灵公吓得躲到首都**临淄，不敢出城迎敌。**

第二位**齐庄公**，

更不是省油的灯，居然和大臣崔杼的老婆**私通。**

结果崔杼不喜欢头顶一片大草原的感觉，

一怒之下**干掉了**齐庄公。

手下人还劝崔杼：一不做、二不休！手黑点把晏婴**也一起干掉吧！**

崔杼早就看晏婴不爽，也很想弄死他。

他想了想还是算了，毕竟晏婴**很受百姓爱戴，**

万一弄死了晏婴，**失去民心，**老百姓起来造反，

搞不好要他去给晏婴陪葬。

第三位**齐景公**，

比起前面两位国君，要**贤明那么一丢丢。**

在齐景公这里，晏婴的说服效果至少+100%。

这让齐国内政不至于像之前那样太过乌烟瘴气。

有一回，哎呀妈呀，齐景公的**爱马死了。**

他被气得小宇宙爆发，下令要把养马人**肢解处死。**

晏婴赶紧制止，问齐景公——

齐景公说：那算了吧，就不肢解他了，

直接把他拖出去处死好了。

晏婴说：这个人罪大恶极、死有余辜，但是在他死之前，

能不能让我说说他**到底犯了什么罪**，好让他做个明白鬼。

于是晏婴开始一条一条地列出养马人的罪状——

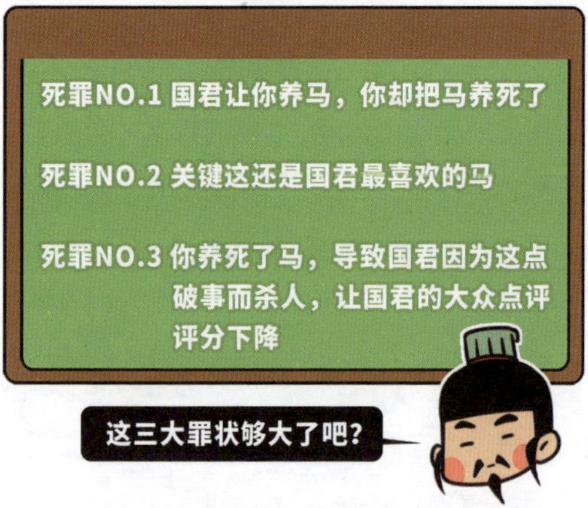

齐景公听得冷汗暴出，只好饶养马人一命。

多亏晏婴的花式嘴炮劝谏拉住了齐景公，

没让他在国政上瞎搞一通，齐国好歹恢复了一些元气。

蛋 是

晏婴的嘴炮才能，不仅能用在**内政**上，

在**外交**上也用得666，可以轻松化解别国的刁难。

晏婴**出使楚国，**楚王知道晏婴五短身材，

故意在大门旁开了个小洞，想让晏婴从小洞钻进去。

但晏婴**严词拒绝**——

没办法，楚国人只好让晏婴走正门。

等晏婴见了楚王，楚王脑子抽抽，又开始刁难晏婴，问他：

齐国难道没有人了吗？为啥派你来出使楚国？

机智boy晏婴随口开始**嘴炮反击：**啊！我们齐国有个规矩，

派**精明能干**的人，出使**道德最好**的国家；

派**愚蠢无能**的人，出使**最差劲**的国家。

而刚刚好，我晏婴就是齐国最愚蠢无能的人！

楚王再次惨遭无情羞辱。

但他还是不甘心，趁着请晏婴喝酒的空当儿，

让公差绑了一个**罪犯**从楚王面前走过。

楚王明知故问：这人是哪国人啊？犯了什么罪啊？

公差回答说：这人是**齐国**人，犯了偷窃罪。

楚王转过头问晏婴：

看来齐国人很擅长偷东西啊？

晏婴心里想骂人，但嘴上还是笑嘻嘻，

立马展开嘴炮反击：

橘生淮南则为橘，生于淮北则为枳。

意思是说：

这个人在齐国能安分守己，跑到楚国来就偷鸡摸狗，

看来你们**楚国水土不行**啊，会让人变得善于偷盗啊！

一通嘴炮下来，让楚国君臣只能**尴尬又不失礼貌**地微笑。

不过千万不要误会，晏婴可不仅仅嘴炮天分MAX，

杀人心计也是历史上超一流水准。

齐景公帐下有三员猛将：**公孙接、田开疆、古冶子，**

三个人仗着功勋卓著，骄横跋扈。

晏婴觉得三人是**大祸害，**

于是让齐景公祭出了春秋时代的七种武器之首，

——两颗桃子。

两颗桃子要分给三个人，这没法儿分啊！

于是晏婴提出：谁的功劳大，就先分给谁哦。

三位将军开启了**饶舌battle模式，**各自阐述自己的功绩，

再然后，三位肌肉猛男都觉得好羞耻的说，

相继拔剑自刎！

（不要问朕为什么，朕也没搞懂这是什么骚操作。

总之你只需知道，**“二桃杀三士”**的计策成功了就对了）

晏婴为了齐国，可以说**操碎了心，**

想方设法除掉未来可能出现的祸害。但他心里明白，

齐国国势目前只是**回光返照，**姜姓齐国一定不能长久。

有一回，晏婴出使晋国，他甚至对晋国大臣叔向说——

为什么这么说？因为晏婴看得很清楚了，

田氏有恩惠于老百姓，**很得老百姓拥护**啊！

历史的发展，也完全像晏婴预料的那样，

姜姓齐国的winter is coming[1]，田氏终将代齐！

① winter is coming：出自美剧《权力的游戏》，翻译成中文是“凛冬将至”，预示着危机将来临。

第五章

身有畸形，流浪十九年后成功上位！

——晋文公接手春秋霸业

春秋时代的第一位霸主，是**齐桓公**小白同学，

可惜在他嗝儿屁之后，齐国发生**内乱，**霸业也立刻下了线。

下一个接手春秋霸业的，就轮到晋国一位**身有畸形**的大佬，

他就是——

晋文公。

晋文公名叫**重耳，**不过他倒没有人如其名，

真长出四只耳朵，反而是**眼睛和肋骨有点畸形。**

史书记载，他有**重瞳**和**骈胁**（pián xié）。

所谓**“重瞳”，**就是一只眼睛里有两个瞳孔。

根据现代医学，这属于瞳孔粘变畸形

所谓**“骈胁”**呢，就是肋骨紧密地连成一片，

要是刀往他胸口上扎，**永远只能扎在肋骨上。**

按照古人迷信的说法，这都属于**身体有异相，**

表明这个人**注定会干出一番很牛的事业。**

不过根据现代医学嘛，这就是妥妥的生理畸形！

晋文公成就霸业的**难度系数，绝对碾压齐桓公。**他在坐上国君宝座之前，曾经被迫在**国外流亡十九年，**好不容易回国当上晋国大boss，却已经**六十多岁**了，差不多到了该退休的年纪。

要说晋国这个国家，非常不简单。

晋国的初代目君主**唐叔虞**，

他老爹是**周武王**，老妈是**姜太公的女儿**，

所以晋国国君在血统上高贵得顶呱呱。

虽然晋国血统高贵，但在春秋前期的历史中，

没啥存在感，活成了春秋列国心中的小透明。

直到晋文公的老爹**晋献公**即位，

吞并了周边不少**戎狄国家**，晋国国势才开始强大起来。

晋国随后发生一场**大动乱，**

逼得当时还是公子的晋文公流亡国外，

这一切，就因为晋献公去攻打了一个叫**骊戎**的部落，

得到了一个叫**骊姬**的绝世大美女。

骊姬给晋献公生下一个崽，她还想让自己的崽**成为国君。**

不过晋献公还有三个孩子挡在她孩子的前面，分别是——

打酱油的太子，**申生；**

本期主角晋文公，**重耳；**

以及本期另一个重要反派，**夷吾。**

骊姬获得了晋献公**360度无死角的宠溺，**

所以发挥美女专属技能：**吹枕头风，**

全方位挑拨晋献公和他三个儿子的关系。

最后太子申生被迫自杀，重耳和夷吾流亡国外，

骊姬的孩子成功上位。

重耳流亡国外，也不是孤家寡人一个。

他凭借自己满格的人格魅力，

吸引了一大批牛人贤士追随他。

其中包括重耳的亲舅舅**狐偃，**

名字听起来很衰的**赵衰**（cuī），

以及后面还有很多戏份的**介子推。**

晋献公一死，骊姬的儿子登上国君之位。

不过宝座还没坐暖和，国内**贵族叛乱，**干掉了骊姬母子，

还连续干掉两位国君。接着他们去请重耳回国即位。

但——

重耳很机智地拒绝了。

另一位流亡在外的公子**夷吾**，在**秦国的强力扶持**之下，

返回晋国即位，成了新国君**晋惠公**。

此时对他来说，流亡在外的重耳已成**眼中钉**。

于是他派出杀手，想要对重耳进行肉体灭绝。

重耳倒并没有给刺客机会，

试验一下刀剑到底能不能扎穿他的肋骨，

反倒是吓得**赶紧开溜，抛下妻子，**

离开了他生活多年的**翟**（dí）**国，**继续开启**流亡模式，**

来到了下一站——**卫国。**

卫国国君总觉得重耳这帮人**没啥大前途，**

也就没好好招待他们，气得重耳只能离开卫国。

倒霉的是，路上粮食还被人**偷光**了，

饿得重耳只能向农民伯伯乞讨。农民伯伯却说——

一行人到处都搞不到粮食，重耳饿得血糖快降为0了。

后来重耳具体是怎样回血的呢，正史没有记载，

不过，在其他版本的传说中有这样一段故事：

重耳的忠臣介子推看到他快不行的时候，把心一横，

从自己大腿上割下一块肉来，做成肉汤给重耳吃，

重耳才缓过劲来。

摆脱了差点饿死的困境，

重耳继续开拍**《~~三毛~~重耳流浪记》**。

下一站，他来到了**齐国**。

当时齐国的boss还是**齐桓公。**

齐桓公作为春秋霸主，还算是个厚道人，

不仅好吃好喝招待着，送了重耳二十辆**豪华马车，**

还把家族内一名少女**齐姜，**嫁给重耳当老婆。

但没过几年，厚道人齐桓公**挂了。**齐国乱成一锅粥，

指望齐国帮助重耳复国基本是**不可能的**了。

更糟糕的是,重耳在齐国生活得**太滋润，**

已经把雄心大志都丢在一边了，

根本不想再离开齐国。

重耳曰："人生安乐，孰知其他！必死于此，不能去。"

——《史记·晋世家》

好在他老婆齐姜和手下狐偃、赵衰合谋，

把重耳**灌醉成死猪，**然后抬上车，直接把他拉出齐国。

重耳酒醒后才发现已经离齐国很远了，气得暴跳如雷。

重耳曰："事不成，我食舅氏之肉。"

咎犯曰："事不成，犯肉腥臊，何足食！"

——《史记·晋世家》

离开了齐国这个安乐窝，下一站，他们到了**曹国。**

曹国国君**曹共公，**是个**好奇心爆棚**的好奇宝宝，

听说重耳的肋骨连成一片，想看看**稀奇。**

身为一国国君，他竟然趁着天黑，

跑去偷看重耳洗澡！

偷看洗澡！！！

（是的，你没有眼花）

重耳和他忠心的跟班们只好离开曹国，接着又去了——

但都因为这样或那样的原因，并**没有长待**下去。

再下一站，重耳来到了**楚国。**

当时楚国boss**楚成王**也是一代雄主，

同样也好吃好喝招待了重耳。

不过和齐桓公不一样，人家楚成王做人要**现实得多，**

他做了事，**希望有回报。**

重耳告诉楚王：

如果将来晋国和楚国逼不得已要兵戎相见的话，

我们晋国军队会主动向后退让三舍。

（注：三舍等于九十里）

重耳的下一站，**幸福**（哦，不）是秦国。

在秦国，boss**秦穆公**对重耳也好得不得了。因为——

秦国想扶持重耳回国即位！！

虽说**晋惠公是被秦国扶持**的，但晋惠公即位后多次作死，

许诺要割给秦国的土地，**不给了。**

晋国闹饥荒，秦国好心给粮食救济；

秦国饥荒的时候，**晋国坚决不给粮食**

…………

秦国被惹毛好几次，**早看晋惠公**

不

爽

了

！

晋惠公嗝儿屁后，

他儿子**公子圉（晋怀公）**本来在秦国当人质，

结果招呼都不给秦国打一声**就偷偷溜回晋国即位，**

简直把秦国**惹炸了。**

所以，在秦国的**三千兵马的火力支援**下，

重耳杀回了他**十九年**流浪历程的终点站——**晋国。**

重耳干掉了晋怀公，**终于成功夺得了晋国的宝座！**

（流浪多年才得到王位，简直比狮子王还要辛苦）

那么问题来了——

第六章

爱豆养成大作战

——晋楚争霸

晋文公在真·晋国宝座守护人——**秦穆公**的帮助下，

终于结束了十九年的流亡生涯，登上了晋国国君的**宝座**。

晋文公的雄心大志，

是让所有人都心服口服地喊他“**霸霸**”。

要达成这个胜利条件，必须变身成——

拥有巨量粉丝的爱豆。

所以，晋文公的**爱豆养成大作战第一步**——

对这么多年来一直忠心跟随的老部下，肯定要**好好封赏。**

不过他偏偏漏了一个人，那就是——**介子推。**

介子推**拒绝封赏，**带着老妈双双躲进深山里。

在这里，还有一段野史，

说是晋文公不想欠下当年的肉钱，便派人寻找介子推。

可山区太大，森林太茂密，晋文公的人根本**找不到**介子推。

这个时候，

不知道晋文公的哪个马屁精给他出了个**馊主意**——

他们本来想通过放**火**，把藏在山里的介子推逼出来，

结果大火在山中蔓延，**烧了三天三夜，**

介子推依然在烈火浓烟中**硬扛。**

最终母子两人**双双被烧死在一棵柳树下。**

后世在清明节前一天有个**寒食节**，

节日这天**不开火，只吃冷食，**

据说就是为了纪念惨死的介子推。

介子推这个事当然是个意外啦，不值一提。

总体来说，通过封赏功臣，晋文公的部下攻略度达成**100%。**

接下来，**爱豆养成大作战第二步**——

攻略周王室

就在晋文公即位的第一年，周王室主动**卖屁股**上的破绽，

给了晋文公彻底攻略周王室的机会。

因为这一年周王室大乱，

周襄王的亲弟弟**王子带，**不仅给周襄王戴了一顶纯绿的**绿帽，**

还给**戎狄军队**当带路党，领着狄人去**攻打周王室。**

晋文公不能坐视不管，很快晋国出动大军干掉了——

周王绿帽的分发者·偷窃嫂子者·带路党的先行者

王子带阁下，

并护送周襄王返回周都**洛邑，**让周襄王感动得热泪盈眶。

这一手，为晋国捞取了足够的政治资本。

在成功将周王室变成**铁粉**后，接下来，

爱豆养成大作战第三步——

攻略其他中原小国

春秋时代，霸主们会坚持以**真**（wǔ）**理**（lì）**服人。**

刚好在晋文公那时候，

天下**“真理”**最充沛的国度是南方的楚国，

经常用**真理之拳，**把中原小国按在地上摩擦。

所以晋文公要**get**霸业，和楚国必有一战。

刚好**楚成王**出动大军，去蹂躏曾对晋文公有恩的**宋国。**

所以,晋文公决定去打**卫国、曹国。**

这两个国家是楚国的**好朋友，**

当年还对流亡中的晋文公友善度**负分，**

尤其是**曹共公**这个死变态，还曾**偷窥**晋文公的裸体。

屎可忍！

尿不可忍！

晋文公一举攻下卫、曹两国，还擒获了死变态曹共公。

本来晋国想通过这种方式，

引诱楚军**放弃**围攻宋国，转而去营救卫、曹两国。

楚军**根本不上当，**继续加把劲蹂躏宋国。

① 雅蠛蝶：由日语音译过来的词汇，意思是“不要这样”。

楚国既然不动，晋国也不敢扑上去硬拼。

就在这僵持不下的时候，晋国名将**先轸**提出：

要不把卫国、曹国的土地送给注定要丢土地的宋国？

这下楚国的两个朋友要完蛋，宋国却成了打不死的小强，

楚国**真·白忙活一场。**

楚成王一看划不来，就决定撤兵不和晋国搞事了。

楚国大将**子玉**不服气，想要给点**colour**给晋国see see。

子玉派出使者去晋国谈判：

如果晋国允许曹、卫复国，那么楚国就从宋国撤军。

结果老奸巨猾的晋文公，

不仅**扣留**了楚国使者，还暗中告诉曹、卫两国：

只要你们和楚国断绝关系，我就允许你们复国。

楚国这两位好朋友想了一下，然后**毫不犹豫地背叛了楚国。**

子玉气得暴跳如雷，率大军去攻打晋军。

然而晋国军队立即**后撤九十里。**

子玉没get到这是**诡计，**开足马力前进，

结果在**城濮**这个地方被晋军名将先轸击败。

子玉**羞愤自杀。**这就是历史上著名的——

经过这一战，楚国的锐气被挫伤，

中原小国被晋文公无可比拟的“真理”，

彻！底！攻！略！

晋文公拿到了全天下最多的粉丝数，就此get到了**春秋霸权。**

不过和齐桓公的霸业不同，

晋国的霸业并没有随着晋文公的去世而终止，

相反，晋国的霸业持续了**上百年之久。**

楚国显然也没那么不经打，

吃了一场败仗后，**元气恢复得也很快。**

随后的时间里，

晋楚争霸，成了春秋时代的历史主线。

要说楚国为啥能这么拽，能和超级大国晋国打个有来有往，

这个嘛……我们在之后的内容里会再讲啦。

然鹅

晋国虽然是个实打实的超级大国，

但内部也潜藏着一个**隐患**，那就是——

公室势力在衰微，卿大夫家族势力在强大。

晋国比较强势的君主**晋悼公**去世后，

卿大夫的势力更加膨胀，

国政逐渐落到了**“六卿”**家族手里。

（赵氏、魏氏、韩氏、智氏、范氏、中行氏）

但这六卿家族之间也**内斗**个不停。

首先是**范氏**和**中行氏**被消灭，

然后**智氏**被**韩、魏、赵**三家联合起来干掉。

胜出者

再然后，**韩、魏、赵三家瓜分了晋国土地。**

再再然后，就没有然后了。

最后一位晋国国君**晋静公，**被废为庶民。

春秋时期的超级大国晋国，

就这样彻底下线，在历史中销声匿迹。

第七章

晋国版《权力的游戏》

——国君与卿大夫

晋国这个春秋时期的**超级大国，**

最终被**韩、魏、赵**三家瓜分，然后彻底**下线。**

答案是——

你要真这么想，就是太naive（幼稚）了。

实际上，在大半个春秋时代，

晋国国君和**卿大夫势力**斗得非常厉害，

暗杀、阴谋、背叛、灭族……

各种血腥反转的事件层出不穷，妥妥**《权力的游戏》**既视感。

现在，我们就来复盘一下这出轰轰烈烈的——

晋国版《权力的游戏》。

总体来说，晋国国君**势单力孤，**卿大夫势力**非常强大。**

虽然晋国国君代表队是弱旅一支，

但在面对强大的卿大夫势力，依然撑了**五个回合**之久。

晋国国君VS卿大夫势力

第一回合ROUND 1

刺客控场失败

晋灵公打算干掉他在位时主政的权臣**赵盾**，

抢先攒足了气条，开了个大招——**召唤出刺客一枚。**

刺客潜入赵盾家中后，发现赵盾家简陋得不行，

接着他仔细**观察**，发现赵盾穿着朝服准备上朝。

时间还早，他正端坐着眯眼打盹，

完全没有任何防备！！

然鹅

看见赵盾这么操劳辛苦，刺客感动得眼泪哗哗的，

觉得他简直就是铁杆大忠臣，

根本不忍心按下鼠标左键刺杀目标，

但又不能违抗晋灵公的命令，所以——

这名刺客，直接选择自杀！

一个大招打空了，晋灵公又放出另一个大招：

请赵盾喝酒，

在席间埋伏好士兵，等赵盾喝醉后就干掉他。

赵盾的部下发现情况不对劲，扶着赵盾要跑路，

晋灵公放出**猛犬**追击。

好在有部下拼死保护，赵盾**逃出生天**，

然后赶紧逃离了晋国都城。

然鹅

正当晋灵公以为奸计完全得逞，赵盾的势力已被清除时，赵盾的兄弟**赵穿**突然杀了出来，率军突袭晋灵公，一招就清空了他的血条。

晋灵公，仆街①！

① 仆街：网络词汇，字面上的意思是“出门后摔倒在街上”，常用来骂人，这里的意思是去世。

第一回合，以晋国国君代表队惨败告终。

虽然晋灵公**自己也不是啥好鸟，**

嫌厨子做饭没做好，就能下黑手把厨子的肉体消灭，

还把尸体当垃圾打包，让宫女带到外面扔掉。

但作为臣子的**赵氏家族，**竟然以下犯上，弑杀君父，

使得赵氏家族手中的权力更加巨大。

这就让国君势力受到严重打击，

卿大夫势力开始要上天了。

晋国国君VS卿大夫势力

第二回合ROUND 2

对手几乎团灭

这一回合，**晋景公**宠幸的臣子**屠岸贾**，

帮忙开了个超级大招：直接派兵把赵氏一锅端。

赵盾的儿子兼继承人**赵朔一族**，几乎全部仆街！

（对，这大招效果类似于核爆）

赵朔的老婆是**上一位国君的女儿，**

当时肚子里正怀着赵朔的崽，

她被吓得躲进了宫里，没多久还产下一个**可爱的男宝宝。**

屠岸贾听说后，决定要斩草除根，又派军队来宫里搜索。

赵朔的老婆机智得很，

赶紧把婴儿藏在自己的裤裆里。

还好这个孩子躲过一劫。

不过屠岸贾没找到孩子，肯定不会就这么算了。

刚巧赵朔有位门客**公孙杵**（chǔ）**臼**（jiù），

还有位好朋友**程婴**，想出了一个能忽悠住屠岸贾的妙招。

First

程婴找来一个婴儿，**冒充**赵氏孤儿。

（后世甚至传说这个婴儿是程婴自己的孩子）

Second

让**公孙杵臼**带着假冒伪劣婴儿假装躲起来，

程婴再去找屠岸贾告密。

屠岸贾派士兵将公孙杵臼和假婴儿干掉。

Third

屠岸贾很**happy**地以为赵氏家族已经被**团灭，**

而这个名叫**赵武**的真·赵氏孤儿，**却被程婴偷偷养大。**

不过无论怎么说，

晋景公借屠岸贾的**小黑手，**轻松剿灭了权势滔天的赵家，

打击了国内卿大夫家族的势力，

为晋国国君代表队**成功扳回一局。**

顺便再说一句，晋景公晚年又**心软了，**

给赵家人平了反，还把赵武找回来，重新**赏赐了封地，**

把屠灭赵家的锅全甩给屠岸贾，

害得屠氏全族被赵武复仇屠灭。

晋国国君VS卿大夫势力

第三回合ROUND 3

技能惨遭冻结

赵氏家族几乎被团灭以后，晋国国君**并没有高枕无忧，**

因为其他权臣家族很快又膨胀起来了。

晋厉公心太软，不想杀孽太重，结果重复了晋灵公的命运。

栾氏、中行氏抢先发动攻击，晋厉公惨遭**捆绑囚禁play，**

在被冻结所有技能后，被干掉了。

晋厉公，仆街！

晋悼公脑子聪明，

知道好不容易打压了一个家族，另一个家族又蹦起来了，

打来打去，屁用都没有。

所以，晋悼公不准备玩打地鼠的游戏，他准备——

直接洒！农！药！

具体做法就是：要让晋国公室**增加点肌肉，**

这样才能震慑住卿大夫势力。

First

晋悼公鼓励公室子弟去battle立军功，想要把军权hold住。

Second

努力扶持亲近公室的祁氏、羊舌氏两大家族，

给队友狂加血，想要在朝中玩平衡术。

晋悼公这两桶农药洒下去，

在他统治期间，卿大夫势力果然老实了不少。

这一回合，晋悼公成功为国君代表队再次扳回一局！

晋悼公一死，后继的几位国君都没他这样的雄才大略。

于是，这场权力的游戏迎来了最终局。

晋国国君VS卿大夫势力

第五回合ROUND 5

队友全下线

在晋悼公死后，逐渐强势起来的**“六卿家族”**——

赵氏、魏氏、韩氏、智氏、范氏、中行氏，

到了**晋顷公**在位时，几乎已经**只手遮天！**

当年被剿灭到只剩下一个赵氏孤儿的赵家，

也再次强大起来。

在最终回合，**赵氏**当上了**带头大哥**，联合其他家族，

将公室的两条好狗**祁氏、羊舌氏**全族屠灭。

从此以后，晋国国君的队友**全员下线。**

国君再也没有可以依靠的力量，势力衰弱成**小鸡崽，**

注定再也翻不起风浪了。

五个回合下来，晋国国君代表队**被淘汰出局。**

晋国版《权力的游戏》**并没有因此而全剧终，**

六卿家族内部随后也开始**决裂，**向曾经的盟友挥起了屠刀。

赵氏孤儿事件，历史记载有两个版本，

本文参考的是《史记·赵世家》的版本。

第八章

六卿家族瓜分晋国大战

——晋国国君政权旁落

晋国国君和卿大夫势力有来有往地斗了**五个回合，**

结果晋国国君被彻底干趴下，

晋国国政落在了“六卿”家族手里。

这个时候的晋国，就好像一艘漂浮在海面上的小船，

六卿家族挤在小船上面，每家都觉得有点挤，

于是，六卿家族之间很快**又打了起来。**

……

首先出局的是**范家**和**中行家**。

他们被其他四大家族联合起来灭掉了。

紧接着，智家的当家人**智伯**，成了**晋国一号话事人。**

毫无疑问，智家也就成为晋国NO.1大家族。

韩魏赵三大家族，

虽然心里头有一万句脏话，但并不想讲给智伯听。

面对越来越嚣张的智家，他们只能选择——

韩魏赵三大家族中最懂得忍、堪称**晋国第一忍者神龟**的，

当属赵家的**老大**——**赵襄子**。

有一回，智伯喝酒喝得**醉醺醺，**一上头，想向赵襄子灌酒。

结果赵襄子十分感动，**但毫不犹疑地拒绝了，**

气得智伯直接把酒杯甩他脸上。

连赵襄子的**手下**都看不下去了，

劝他动手干掉智伯以出口恶气。

赵襄子却说：

你们知道为啥我老爹会选我当家族继承人吗？因为——

我能忍！

知伯醉，以酒灌击毋恤。毋恤群臣请死之。

毋恤曰："君所以置毋恤，为能忍訽。"

——《史记·赵世家》

赵襄子简直就是**中国第一忍者。**

那年头的晋国，已经丢掉了霸主宝座。

作为**晋国话事人**的智伯，找到韩魏赵三家，

借口要恢复晋国的势力，

让每家都拿出一万户的土地人口，还给晋国国君。

面对智伯的淫威，

韩家**忍**了，魏家也**忍**了，都乖乖交出了土地和人口。

然鹅

这一回，赵襄子并没有再忍下去！

赵襄子**拒绝**献出地盘。

智伯气得小宇宙爆发，**纠集了韩、魏两家，向赵家开战。**

赵家根本抵挡不住攻势，

被血虐得**节节败退，**城池丢了一座又一座。

智伯的大军将赵家的大本营**晋阳城**围住，

还掘开**汾水**的堤坝**水攻**晋阳，搞得晋阳城成为**汪洋大海。**

城里被困的老百姓，甚至饿得开始**易子而食。**

机智的赵襄子偷偷派出**嘴炮达人**去告诉韩、魏两家：

一旦赵家被智伯灭了，下一个，就轮到你们了。

韩、魏两家一听，觉得**好有道理，**立马反水去打智家。

韩、魏两家**偷袭**智伯，控制了汾水堤坝，

对准智伯军队的大营**放水**。然后——

智伯的雄兵虎将瞬间被大水冲成了**虾兵蟹将。**

智伯本人也沦为了**赵襄子的俘虏。**

忍了这么多年的赵襄子，终于**大仇得报，怒杀智伯，**

还把智伯的头盖骨上了漆，做成了**饮酒器。**

赵襄子漆智伯之头，以为饮器。

——《资治通鉴》

智伯一上西天，韩魏赵三家就**瓜分了智家的土地**。

牛气哄哄的智家，**就此灭亡。**

忠于智伯的人**并没有完全死绝**，

其中就有获得~~“智伯吧务组组长”~~

“春秋战国四大杰出刺客”

“中国刺客NO.1”等称号的**豫让**。

得知智伯死得那么惨，豫让下定决心，

要刺杀赵襄子为智伯报仇。

刺杀计划A

豫让**改名换姓**，伪装成修厕所的施工人员，

躲到赵襄子家的**厕所**里，准备等赵襄子来蹲坑的时候，

忽然就来个——

背刺！

胸刺！！

屁股刺！！！

赵襄子走到厕所门口时，估计是**第六感**太强了，

立刻就觉得**心口悸动不舒服。**

赵襄子赶紧让士兵把修厕所的人抓起来，

果然发现这家伙的身上藏着**匕首。**

既然刺杀任务失败，豫让也不藏着掖着了，直接挑明：

我就是豫让，来这儿就是想为智伯报仇！

赵襄子突然**霸道总裁附体，**

觉得这个耿直的刺客越看越**可爱，**

和别的妖艳贱货完全不一样，

不仅**舍不得杀他，**反而放了豫让。

豫让**并不甘心失败，**回家以后立刻策划了刺杀计划B。

刺杀计划B

这一回，豫让**把漆涂在身上，**让皮肤溃烂化脓，

还吞下**炭火，**让自己的声音变沙哑。

这一整套乔装打扮完成后，他跑到市场上伪装成**乞丐乞讨。**

连豫让老婆从街边路过，都没把他认出来。

豫让又漆身为厉，吞炭为哑，使形状不可知，行乞于市。

其妻不识也。

——《史记·刺客列传》

豫让摸清了赵襄子的**出行路线，**提前在一座桥下埋伏起来，

准备等赵襄子路过的时候，忽然就给他来个——

背刺！

胸刺！！

屁股刺！！！

等赵襄子乘马车经过时，

赵襄子的马好像也有了**第六感，**突然受惊。

赵襄子的手下出动，果然在桥下发现了豫让。

赵襄子根本想不通，为啥豫让老缠着他，质问豫让：

你当过范家、中行家的家臣，智伯灭掉了这两家，

你不去杀智伯为主子报仇，反而当了智伯的家臣。

我杀了智伯，你为啥像幽灵不散似的缠着我呢？

豫让的回答，令所有人都非常震惊、感动：

范氏、中行氏以众人待我，我故以众人报之；

智伯以国士待我，我故以国士报之。

听豫让这么一说，这一回，赵襄子**把心一横，**

决定不再放过豫让，让手下的士兵把豫让围了起来。

豫让知道自己**活不过今天，**

在生命的最后关头，他向赵襄子提出了刺杀计划C。

刺杀计划C

就是让赵襄子把衣服脱下来，豫让象征性地**捅衣服几剑**……

赵襄子答应了，真的脱下衣服，把衣服送给豫让捅。

豫让一边开开心心地捅，还一边使劲叫唤：

吾可以下报智伯矣！

然后，**自杀身亡！**

…………

中国第一忍者vs中国第一刺客，这场**宿命对决，**

以这种奇葩方式收场。

在豫让这种智家的死忠分子被**彻底肃清**以后，

韩魏赵三家更加没了顾忌，

把晋国国君这个吉祥物，**像丢垃圾一样丢到一边，**

然后开开心心地**瓜分了晋国**。

进入**战国时代，**在原来的超级大国晋国的尸体上，

崛起的**韩、赵、魏**三个诸侯国，

也都杀进了**“战国七雄”之列。**

不过，面对西方日益强大的**秦国，**

三个国家都必不可免地被秦国**一口一口吞掉。**

第九章

因为一顶绿帽，废柴之王崛起了

——楚庄王成新春秋霸主

春秋战国时代的楚国历史，朕粗略地总结了一下，

可以分为**三顶绿帽的故事**和**一段被辜负的友情**。

其中两顶影响了楚国国力，甚至导致灭国的绿帽，

就发生在春秋时期。

▼

第一顶绿帽的主人公，**是楚庄王**。

以下是关于该事件的**深度报道**。

经过多方走访调查，事件的真相逐渐明朗：

当天楚庄王和大臣们开**party**，疯到晚上，点了**油灯**继续嗨，

楚庄王还命两位**宠妃**轮流给大臣们**敬酒**。

忽然之间，一阵风吹过来，

油灯被吹灭了，屋子里一片漆黑。

这时候，一个**色胆包天**的大臣趁着这个机会，

拉住楚庄王宠妃的手，意图**非礼她**。

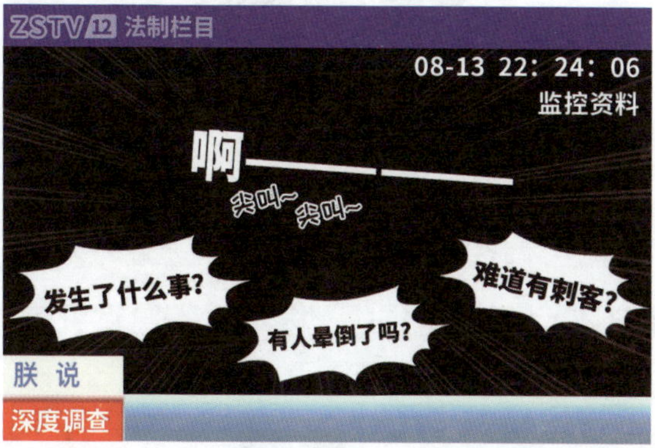

还好在两人拉扯的过程中，楚庄王宠妃**撕断衣袖**挣脱了，

还顺手扯下了犯罪嫌疑人帽子上的**缨带。**

有了证物在手，宠妃赶紧报告楚庄王，

只要楚庄王让人重新点燃油灯，那么——

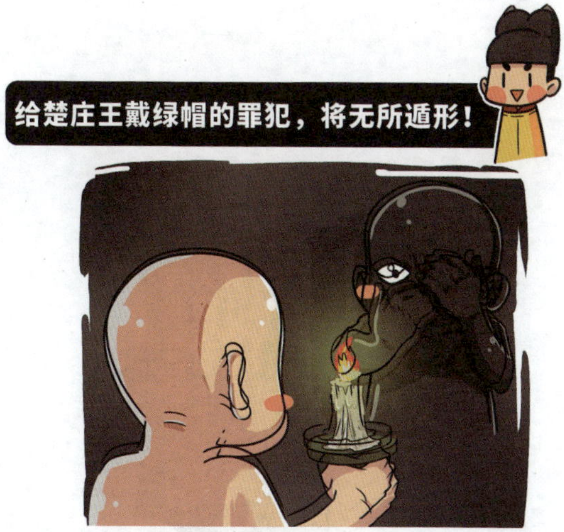

楚庄王却让所有的大臣都取下帽子缨带，

然后才命令重新点上油灯，也就是说——

他完全不care被戴绿帽，根本就不愿追究这事。

是的，楚庄王真的饶恕了这个送给他一顶**一星级绿帽**的人。

实际上，楚庄王刚刚即位的时候，

很多大臣都认为他就是一个**废柴**①。

即位后的楚庄王成天窝在后宫里**吃喝玩乐，**

每天和后妃玩得很happy，喝酒喝得醉醺醺，

对于国政**完全不搭理。**

① 废柴：网络词汇，形容人时，指这个人非常没有用，一无是处。

全国各地**告急文书**都发到了楚庄王那里，

但楚庄王继续吃喝玩乐，**看都不看一眼，**

把国家大政全部交由**权臣家族若敖氏**来处理，

就这样在王位上混了**三年**的日子。

楚庄王为了预防大臣们在他面前**瞎哔哔，**惹他烦，

还立了个**规矩：**

谁要是来我这儿瞎哔哔，我就弄死谁！

庄王即位三年，不出号令，日夜为乐，

令国中曰："有敢谏者死无赦！"

——《史记·楚世家》

偏偏就有个不怕死的忠臣，名叫**伍举，**

实在不忍楚庄王这么废柴下去，就跑去跟楚庄王说：

我想跟大王玩猜谜语。有一只大鸟停在土山上三年了，

既不飞，也不鸣叫，这傻鸟是在干啥呢？

楚庄王瞬间**get**到伍举在说什么，回了一句千古名言：

三年不飞，一飞冲天；三年不鸣，一鸣惊人。

伍举听完很**振奋，**觉得这个废柴大王还有点救。

然鹅

后面几个月，楚庄王却**变本加厉，**玩得更嗨了，

天天宫里**蹦迪、吃烤串、看艳舞表演，**

一副**完全没法抢救**的样子，

逼得另外一位大臣不像伍举一样**打哑谜**了，

而是直接**冒死进谏。**

这一回，楚庄王被感动得眼泪哗哗的，

身体内的**王族血脉**瞬间**觉醒，**开启**华丽变身。**

所有人都没有料到，

当了三年废柴的楚庄王，其实是个**心机boy。**

他颓废了三年，也在**暗中观察**了三年，

知道朝中谁才是可以依靠的人，谁才是纵容他享乐的奸臣。

实际上这么多年来，楚国权臣若敖氏一族在朝中**权势很盛。**

楚庄王不满**二十岁即位，**毛都没长齐，压根没法和若敖氏斗，

只能选择**装废柴，**隐忍下去。

三年后时机成熟，他决定不再装下去，开始**亲理朝政。**

他一上来就**诛杀**了几百名奸人，又**提拔**了几百名贤人，

像伍举这样的忠臣，都获得了**重用。**

于是乃罢淫乐，听政，所诛者数百人，所进者数百人，

任伍举、苏从以政，国人大说。

——《史记·楚世家》

没想到，若敖氏大boss**斗越椒**竟然发动**叛乱，**

准备进攻楚庄王。

楚庄王来了个**精彩反杀，**带兵干掉斗越椒，将若敖氏灭族。

从此——

楚国军政大权彻底回到楚庄王的手里。

hold住了国内军政大权，楚庄王把目标转向**中原。**

楚国一直被中原各国当成**“蛮夷之国”，**

比如齐国、晋国称霸的时候，和中原小国开party，

从来不带楚国玩。

这让楚国人很**不爽，**历代楚国君主都想让楚国强大起来，

让中原各国不再小瞧楚国。

楚国虽然在不断变强，但在楚庄王的爷爷**楚成王**那一代，

楚国被**晋文公**按在地上摩擦，把春秋霸权输给了晋国，

这就是历史上惊天地、泣鬼神的——

前废柴、现有为青年的楚庄王，

如今的目标，已经不仅仅是当个霸主。

他有**更大的野心**，不仅想干翻晋国，

还打起了周王室的主意。

有一回楚庄王大军来到周天子的都城**洛邑**，

吓得周王赶紧派大臣**王孙满**去犒劳楚军。

席间楚庄王问王孙满：周王的九鼎有多重？

传说九鼎是**大禹**所铸，后来就成了**象征天下的国之重器**。

楚庄王这么问意思很明显，就是对天子宝座**看得眼馋。**

王孙满一听，**心里想骂人**，但**嘴上笑嘻嘻**，

凭借一通厉害的嘴炮，打消了楚庄王的野心。

他说：一个国家的兴亡，在德不在鼎。

天命还是周王室的，你问了也是白问。

明白自己完不成夺取天命这种**史诗级难度**的任务，

楚庄王就安心去打中原小怪国，以及晋国这个超级大怪。

最终，通过一场名叫**“邲之战”**的大战，

楚庄王暴锤了**晋国**，洗刷了楚国在城濮战败的耻辱，

成了继**齐桓公**、**晋文公**之后

第三位“春秋霸主”。

在和晋国的战争期间，总是有一位大臣作战**特别勇猛，**

经常不顾危险，带队冲锋在前，

五次打退晋军进攻，让楚国获得胜利。

楚庄王很好奇，他对这个人**没啥优待，**

为啥这个大臣作战这么拼？

一问之下才明白，原来这个大臣，

正是在party上非礼楚王爱妃的**臭流氓。**

给楚庄王戴了一顶**绿帽**，他都大度不追究，

这位大臣感动得眼泪哗哗的，**决定此生要好好报答楚庄王。**

所以，他这么卖力拼命，在晋楚争霸战中**立下大功劳。**

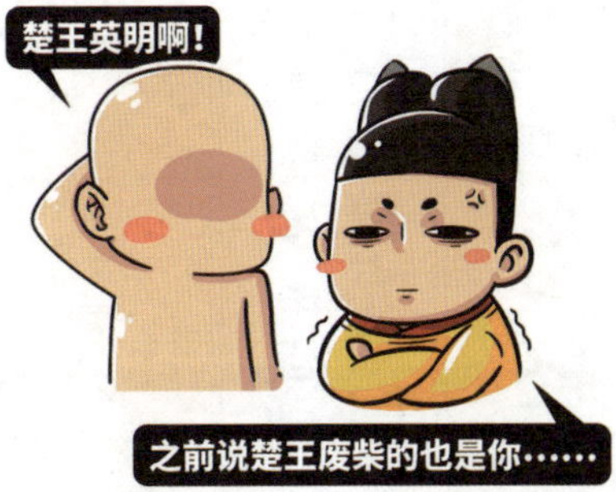

一顶无关紧要的**轻量级**绿帽，换来了楚庄王的春秋霸业，

就四个字——

物有所值！

第十章

又一顶绿帽引发的连锁反应，让楚国差点亡国

——秦楚联姻

楚庄王一死，楚国国力就像坠崖一样，**直线下坠。**

在晋楚争霸战争中，楚国常常**处于下风。**更要命的是，

晋国还在包邮地区扶持了**吴国，**

在楚国屁股后面搞小动作。

为了扭转被晋国欺负的局面，

楚平王决定要和**秦国联姻，**搞好关系，一同制衡晋国。

万万没想到，这出联姻大战略竟然搞出一顶**重量级绿帽，**

演变为家庭伦理大戏，还差点让楚国**亡国。**

那么朕就来讲讲，楚国这**第二顶绿帽**的故事。

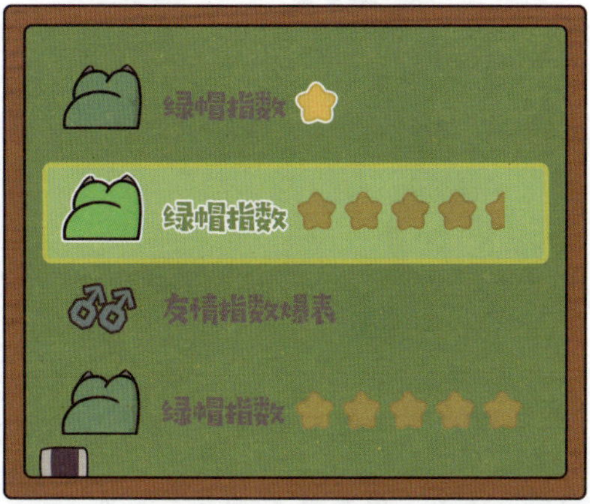

这出家庭伦理狗血剧，一开始还挺像**历史正剧。**

楚平王搞秦楚联姻，

本来是想让**太子建**和秦景公的女儿**孟嬴**结婚。

派去秦国迎亲的大臣废物鸡（大误）**费无忌，**

本来是太子的老师，但其实就是个**无耻小人，**

回国后偷偷禀告楚平王：

哎呀妈呀！大王您这未来儿媳孟嬴简直太漂亮了！

然后——

楚平王这种**极品老色鬼，**在费无忌的建议下，

真的就将孟嬴**调包，**换了另外一名女子给太子建。

孟嬴则被快递到楚平王的床上。

太子建因此收获了一顶结结实实的**绿帽。**

这顶**天降绿帽**能如此精准地扣在太子建的头上，

费无忌有天大的功劳。

费无忌**害怕**楚平王嗝儿屁后，太子一登基会找他算账。

所以，他决定**先下手为强。**

他先让楚平王把太子**赶出都城，**然后再**诬告太子，**

说太子和他的另一位老师**伍奢，**

与晋国等敌国有不可告人的交易，准备**密谋造反。**

楚平王还真信了，

不仅捆绑、**囚禁**了伍奢，还准备**派人干掉**太子建。

好在太子腿脚麻利，一听到风声不对劲，

赶紧开足马力，**逃离了楚国。**

太子既然溜了，剩下的伍奢，肯定要被**问罪处斩。**

伍奢有两个很厉害的儿子——**伍尚**和**伍子胥**。

费无忌担心杀了伍奢，这两个boy早晚会升级为楚国的祸患，

所以他的建议是，

干脆让伍奢把两个儿子喊回来，然后**一同杀掉。**

于是王使使谓奢："能致二子则生，不能将死。"

奢曰："尚至，胥不至。"

——《史记·楚世家》

楚平王才不信伍奢的邪，派人找到伍家兄弟，告诉他们：

然鹅

只要你们两兄弟回都城，寡人就饶了你们的老爹。

虽然两兄弟都不信楚平王，

但哥哥伍尚觉得要尽孝，哪怕被人剁了，也**必须回去；**

弟弟伍子胥觉得**千万不能回去，**

不然就会被~~骗进传销~~（大误）骗进牢房。

最后伍尚想了个招：

伍子胥赶紧逃出楚国，开溜成功了，

但伍奢和伍尚被楚平王下令处斩。

从此以后，

楚平王和秦国公主孟嬴就过上了没羞没臊的幸福生活。

~~（全剧终）~~

N多年以后，楚平王病死，

楚平王和孟嬴的爱情结晶——**楚昭王**即位为王。

当年逃难到吴国的**伍子胥，**经过一系列骚操作，

扶持**吴王阖闾**夺得王位，成了阖闾**最信赖的好朋友。**

楚平王虽然上了西天，

但伍子胥依然没有忘记父兄被杀的**深仇大恨，**

这么多年来，伍子胥只想做一件事——

复仇！复仇！复仇！

机会终于来了！

这一回，**楚国**派重兵去欺负**蔡国**这个鼻屎小国，

国内防卫空虚。这相当于主动把菊花暴露在了吴国面前。

所以吴王阖闾**亲自挂帅，**任用**伍子胥**和**孙武**为大将。

（对，就是写《孙子兵法》的那个孙武）

三万大军水陆并进，正式以**援救蔡国**的名义出兵。

果然，通过**柏举之战，**楚军被吴军打得土崩瓦解。

然后吴军一路向西，**连战连捷，**直接攻下了楚国首都**郢都。**

楚昭王逃亡国外，楚国**几乎就要亡国。**

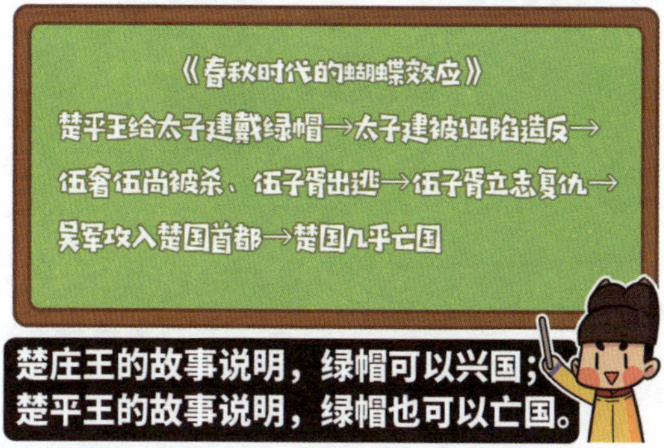

吴军攻陷郢都后，各种**烧杀抢掠，**玩得不亦乐乎，

楚国百姓简直倒了大血霉。

伍子胥的大仇人，当然是**楚平王，**

可惜楚平王运气太好，早就嗝儿屁上了西天了。

大仇人都死了，还能拿他怎么办呢？

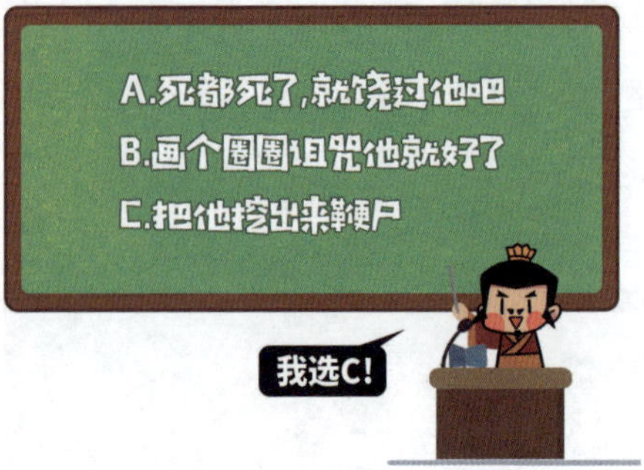

伍子胥直接就派士兵挖开楚平王的陵墓，

把楚平王的尸体拖出来，**狠狠鞭打了三百下。**

伍子胥左脚猛踩尸体的肚子，

右手把楚平王的眼睛挖了出来，玩起了激烈的坟头蹦迪。

伍胥以不得昭王，乃掘平王之墓，出其尸，鞭之三百，左足践腹，右手抉其目。

——《吴越春秋》

都城被攻下，楚昭王流亡外国，

如果不出意外的话，楚国就这样完蛋了。

还好楚国有个忠臣，叫**申包胥**。

申包胥和伍子胥两人是好友，伍子胥流亡的时候，

曾向申包胥甩过一句狠话：老子一定要灭了楚国！

申包胥淡定地回了一句：那我一定能救下楚国。

听说伍子胥掘墓鞭尸，

流亡山里的申包胥还**写信劝谏**过伍子胥别太过火，但伍子胥**不听。**

没办法，申包胥只能一路向西，**去秦国求救兵。**

一开始，秦国国君是拒绝的，

但申包胥也是个狠人，靠着院墙**哭了七天七夜，**

哭声不断，七天没有喝过一口水，

终于把秦国国君感动了，决定**出兵救援楚国。**

就在这个时候，刚好**吴国发生内乱，**后院起火，

再加上楚国扶持起来要对付吴国的**越国，**

发现吴国国内空虚，也想有样学样，猛捅吴国的菊花。

所以，吴国只好选择**退兵，**

半死不活的楚国，终于从ICU里被成功抢救回来，

楚昭王复国成功！

一顶小小的绿帽引发的连锁反应竟然差点导致楚国灭亡，

这么说来，绿帽真该被列为**大规模杀伤性武器。**

楚国经过这场大动乱，**元气大伤，**

退出了春秋争霸的舞台。

等下一次楚国重回舞台成为大玩家，

那已经是战国时代的事了。

第十一章

春秋第一星探成就吴国霸业

——吴王阖闾与伍子胥

现在，我们正式开启**春秋系列的吴国篇**。

而要讲吴国篇，首先得提到一个楚国人，那就是——

伍
子
胥

。

前文我们也提到过，

因为**楚平王**给儿子太子建戴**绿帽**，引发了连锁反应。

后来楚平王杀死了伍子胥的老爸、老哥，

伍子胥出逃吴国。

他逃出楚国后**生了场大病**，那时候没有**医保**，

伍子胥把盘缠花光了，最后沦落到**沿街乞讨**的地步。

最惨的时候，他是用**膝盖走路，**

还脱下上衣，**赤裸着上身磕头**讨钱，

或者在市场上**吹箫卖艺**讨钱。

伍子胥橐载而出昭关，夜行昼伏，至于陵水，无以糊其口，膝行蒲伏，稽首肉袒，鼓腹吹箫，乞食于吴市。

——《史记》

经历过这些磨难的伍子胥，怀着**向楚国复仇**的大志向，

终于到达吴国首都。

也就是在这里，他开始脱胎换骨，

从**乞丐祖师爷**混成了**春秋时代第一星探。**

他首先发掘了**吴国第一号的潜力股，**

狼系贵公子——**公子光**。

这位公子光是**吴王诸樊**的儿子，

按理说诸樊嗝儿屁上西天后该轮到他登基当吴王。

吴王的位置几番折腾后，给到**公子光三叔的儿子，**

也就是**吴王僚**。

公子光对此并不是很happy，一直想**干掉吴王僚，自己当王。**

伍子胥看穿了公子光的小心思，决定帮助他夺得王位，

让自己成为公子光的**大恩人**，再把吴国搞成**强国**，

这样以后杀回楚国报仇就不是难事。

为了达成这个小目标，**星探祖师爷**伍子胥，

就向公子光推荐了另一位他发掘的人才——猛男**专诸**！

据说有一次，伍子胥在大街上看见专诸正要跟一大群人干架，

气势上完全不落下风。

结果专诸老婆出来叫他，他马上乖乖跟老婆回家。

伍子胥跑去问专诸原因，专诸回答说：

夫屈一人之下，必伸万人之上！

星探伍子胥一听，**哎呀妈呀，这就是难得的人才啊！**

赶紧将专诸推荐给公子光。

然后，专诸搞出了历史上最成功的**刺杀行动之一**——

公子光邀请吴王僚来他家参加**party**。

吴王僚也不傻，不仅带了一堆侍卫，还穿了三层铠甲。

等吴王僚一到，公子光借口说脚不舒服，然后开溜，

再让专诸**伪装成上菜的**，端上来一盘**烤鱼**。

烤鱼肚子里暗藏了一把**匕首**，

江湖传说这把匕首是**铸剑大师欧冶子**精心打造的，

锋利无比。

等专诸接近吴王僚的时候，他突然就拿出匕首，

一击刺穿吴王僚身上的三层铠甲，**当场击杀吴王僚。**

完成任务后，专诸来不及逃跑，**直接就被吴王僚的侍卫KO。**

侍卫也没嘚瑟太久，很快公子光的伏兵杀出，

干掉了所有吴王僚的人。

在这场完美的刺杀行动之后，

公子光就开开心心地**登上吴国王位，**是为**吴王阖闾。**

可惜，**事情还没完。**

吴王僚的儿子**庆忌**逃到了**卫国，**谋划夺回吴国王位。

阖闾一直把庆忌当心腹大患，

庆忌不死，他的位置就坐不稳当。

为了帮阖闾解决掉庆忌，

星探祖师爷伍子胥**再次发掘出一名人才**——

矮人勇士要离！

要离虽然精通剑术，**但身材瘦小，**身高**不满五尺。**

而他要去刺杀的对象庆忌，可是当时**天下第一大力士，**

虎背熊腰、力量吓人，

曾经和**犀牛**徒手搏斗，还把犀牛收拾得服服帖帖。

一个身高接近侏儒的瘦子，要刺杀天下第一大力士……

而且庆忌**猜忌心很重，**刺杀几乎是不可能的事。

但要离主动提议：

只要我假装得罪大王，

大王砍掉我的右手，杀掉我的妻儿，庆忌就会信我了。

要离曰："……臣诈以负罪出奔，愿王戮臣妻子，

断臣右手，庆忌必信臣矣。"

——《吴越春秋》

阖闾心想妙计啊！然后他真这么干了。

断手后的要离**假装逃奔庆忌，**庆忌果然对他**深信不疑。**

后来庆忌率大军**乘船**讨伐吴国，

要离受信赖，和庆忌**在同一艘战船上。**

突然一阵大风袭来，船身摇晃不定，庆忌站立不稳，

要离抓住这个机会，**用矛把庆忌捅成了残血状态。**

残血后的大**BOSS**庆忌，一下单手就提起了要离，
将他的头按到水里，又提出水面，如此循环**三次。**
他把淹个半死的要离**横放在膝盖上，**哈哈大笑说：
这家伙真是天下勇士！竟然敢玩这一手来刺杀我！

庆忌顾而挥之，三捽其头于水中，乃加于膝上，“嘻嘻哉！
天下之勇士也！乃敢加兵刃于我。”
——《吴越春秋》

庆忌英雄惜英雄，让手下放要离回吴国。
最后庆忌伤口流血太多，**血条清空而死。**

不过搏命运动之后的要离，
觉得自己**害死妻儿，**以及**刺杀先王的儿子庆忌，**
是个“不仁不义”的大罪人，没脸活在这个世上，
最后，**自断手足，伏剑而死。**

庆忌一死，吴王阖闾终于治好心病，**稳固了王位。**

吴王位子坐稳了，伍子胥离复仇又近了一步，

但想暴打楚国为亲人报仇，还必须找个打仗高手。

刚刚好，伍子胥又挖掘出这么一位人才，

他就是——**兵圣孙子！**

孙子原名孙武，是来自齐国的正宗山东大汉，

不知道咋地来到包邮地区定居生活，还被伍子胥一眼看中。

伍子胥向阖闾推荐了孙子七次，

阖闾决定给孙子一个面试的机会，

然后孙子带着他的作品去面试。

对，这个作品就是——《孙子兵法》。

阖闾看完《孙子兵法》后，赞叹不已，

不过心里面还是有点不放心，怕孙子只会纸上谈兵，

决定让他现场演示一下兵法。

阖闾大概找来一百多号宫女，让孙子亲自操练。
孙子把宫女分成两队，还指定阖闾两位爱妃当小队长，
然后孙子开始下令演练军阵。

宫女们根本不听号令，一个劲儿在原地捧腹大笑。
孙武说：约束不明，申令不熟，是为将者的错。

于是，他又详细说了要求，
结果再重新下号令时，宫女们还是嬉笑不止，不听号令。

孙子不慌不忙地说道：
约束不明，申令不熟，是为将者的错。
但我已经说得明明白白了，你们还不听，
那就是你们的错了。

他喝令将阖闾两个宠妃拖下去，按军法斩首，
吓得阖闾赶紧向孙子求情。
但孙子偏不听，硬是将两个宠妃斩首示众。
接下来孙子让其他宫女代替两位宠妃当小队长，
这回再用鼓声指挥宫女操练，
没人敢出声，也没人敢不按照军令来了。

有了孙子这样的神将，吴国方面如虎添翼。
不过要干翻楚国，还差一个机会。
几年之后，这个机会终于来了。

唐国、蔡国两个小国，原本都是楚国的小弟，

但楚国权臣囊瓦觊觎他们的国宝，

居然将两国国君软禁了整整三年。

经过囊瓦这一顿骚操作，

两个鼻屎小国和楚国的关系就此完全破裂。

蔡国一气之下，和楚国的死对头吴国结盟。唐国也想报仇。

于是，吴国决定联合蔡、唐两国，一起出兵攻打楚国。

在兵圣孙子的策划下，吴军绕过了楚国重兵把守的防线，

直接从蔡国境内穿行，迅速突破到了楚国腹地。

囊瓦吓得赶紧组织楚国大军，一共十二万人，

向西阻截吴国大军，而吴国军队只有区区三万人。

十二万 vs 三万，

何况楚国是春秋超级大国，军队战斗力不弱，

这仗真的能打赢吗？

面对人数差距，孙武使用“**打了就跑**”战术，

避免正面交锋的同时，还把楚军骚扰得够呛。

就这样，楚军**连着被打败三场**，

最后在柏举这个地方进行决战，

楚军再次大败，直接土崩瓦解。

然后，囊瓦直接就脚底板抹油跑路了。

最终，吴军攻陷了楚国首都郢都。

再后来发生的事，之前朕在楚国篇时也说过了：

伍子胥挖开仇人楚平王的坟墓鞭尸，

申包胥去秦国哭了七天七夜请救兵……

经过这场战争，楚国元气大伤。

而吴国攻破楚国首都，一跃进入春秋时代头号强国之列。

按照《荀子》的“春秋五霸”版本，

吴王阖闾也就成了继齐桓公、晋文公、楚庄王之后的

第四位春秋霸主。

此处分割线

不得不说，伍子胥这个**春秋第一星探**的眼光非常厉害——

▼

发掘了狼系贵公子**阿光**，扶持他当上了**吴王；**

发掘了怕老婆的猛男**专诸**，让他干掉了**吴王僚；**

发掘了矮人勇士**要离**，让他干掉了**庆忌，稳固了阖闾的江山；**

发掘了兵圣**孙武**，让他打败**楚国，最终完成了自己的复仇。**

论发掘人才的本事，

伍子胥称第二，估计没人敢称第一。

至于被伍子胥挖掘出来的孙子，也是功成身退，

最后辞掉官职，飘然归隐了。

第十二章

吃屎吃出真感情

——夫差与勾践

吴王**阖闾**得到国宝级名将**孙武**，提升了吴国的军事实力，

终于攻破楚国首都，华丽变身为春秋霸主四代目。

大概是当上霸主太顺风顺水，加上在楚国搞出太多暴行，

阖闾耗光了人生中所有的好运，

终于，有件**倒霉事**要摊在他头上了。

这一年，阖闾率大军去攻打**越国。**

越国的大boss大家都熟悉，

名叫~~越王够贱~~（大误）**越王勾践。**

吴国和越国的大军，来到**槜**（zuì）**李**这个地方大战。

面对强大的吴军，

越军几次派出敢死队**冲锋，**都被吴国军队**打退。**

就在这个关键时刻，勾践想到一个够贱的妙招：

派出一大堆死囚来到吴国军队面前，

抽出剑来齐刷刷**抹脖子自杀。**

吴国士兵从没见过这架势，

就像看见克苏鲁神话里的怪物一样，

瞬间**狂掉san值**（意为：丧失理智）。

然后越军趁机进攻，吴国军队被打得落花流水，

连阖闾本人都被**斩掉脚趾**，后因**伤口感染**而死。

阖闾一死，他儿子**夫差**即位为吴王，

励精图治，准备给老爹报仇。

在阖闾留下来的贤臣**伍子胥**的辅佐下，

吴国国力、军力慢慢恢复。

越王勾践很紧张，又想出一个妙招，那就是——

先发制人！！

然鹅

虽然越国之前侥幸打败了吴国，

但和吴国的**实力差距**就摆在那里，

很快夫差的**吴军暴打了越国，**越国连都城都被攻陷。

勾践带着残兵败将撤退到**会稽山**里，眼看着就要亡国。

勾践身边也有牛人啊。他派出谋臣文种，

让他带着财宝、美女，贿赂了吴国大臣**伯嚭**（pǐ）。

伯嚭就在夫差面前为越国说话，

让夫差放过越国，准许越国**给吴国当马仔。**

伍子胥一看这还了得，赶紧**劝夫差一口气灭掉越国，**

说越国就是个大祸患。

可能夫差出生的时候脑子被夹坏了，完全听不进去，

硬是**同意了越国的讲和请求。**

按照双方的约定，

勾践得亲自去吴国，给吴王夫差**当奴仆。**

勾践先在越国安排得妥妥当当，让**文种**留在越国**处理国政，**

然后带着**妻子**和**谋士范蠡**一起前往吴国。

伍子胥劝夫差杀掉勾践，除掉后患。

心大的夫差，还是不打算杀勾践。

勾践在吴国给夫差**当马夫**，一干就干了三年之久，

各种除草、喂马、打扫马粪，表现得**很乖很听话**，

让夫差对他**丧失了警惕心。**

最夸张的一次，夫差生病了，

勾践甚至**主动品尝**夫差的**大便**，来帮忙鉴定夫差的病情。

这一下，让夫差感动得眼泪哗哗的，开始各种**优待勾践，**

气得伍子胥继续劝谏夫差。

两个人还**大吵起来，**夫差气得快崩溃：

人家勾践可以吃我大便，你呢？

你作为臣子，寡人生病这几个月，你为寡人做了些什么？

夫差再也不想听伍子胥**叨叨**了。

再后来，夫差决定**放勾践回国，**

还**把侵占的越国国土退还给了勾践。**

勾践一回国就各种**“卧薪尝胆”，**

暗搓搓地努力发展国力，准备**报仇雪恨**。

另一方面，夫差决定向北发展**去打齐国，**

和中原各国争霸。

伍子胥劝夫差不要打齐国，先对付越国。

可惜夫差已经走火入魔太深，完全听不进去。

越国为了对付夫差，用上了**美人计，**

送上两名美女间谍**西施**和**郑旦。**

夫差被迷得七荤八素，还浪费吴国国力，

为西施修建了豪华的大house，名叫**馆娃宫。**

伍子胥越看越痛心，继续劝谏夫差。

可是夫差的耳朵**对伍子胥的谏言完全免疫。**

再加上伯嚭在夫差面前**挑拨离间，**

说伍子胥把儿子托付给齐国大臣，

这已经属于赤裸裸的**吃里爬外。**

朕看你印堂发黑，恐怕不得善终啊！

果然，夫差听完伯嚭的话大怒，

派人给伍子胥一把**大宝剑，**要赐伍子胥**自尽。**

伍子胥仰天长叹，给门客交代了临终遗言：

你们在我坟前种上梓树，

待它长大了，

可以给大王当棺材，

挖出我的眼睛，把它们挂在姑苏城东门，

我要看看越国怎么灭亡吴国。

乃告其舍人曰："必树吾墓上以梓，令可以为器；而抉吾眼县吴东门之上，以观越寇之入灭吴也。"

——《史记·伍子胥列传》

伍子胥说完，抹脖子自杀。

夫差知道后很生气，派人把伍子胥的尸体装到皮袋子里，

然后扔进河里，任尸体漂浮。

可怜这个率军攻陷楚国首都，还把楚王挖出来鞭尸的**狠人，**

最后竟然是这么个下场！

伍子胥一死，再也没人在夫差耳边叨叨了。

夫差**忘掉了越国的威胁，**

一门心思扑在去中原争霸的宏图大业上。

终于在有一年，夫差率大军北上，

和**中原各国诸侯**在**黄池**会盟，

结果被勾践率领大军从背后捅了菊花。

勾践攻陷了吴国，还**俘获**了夫差的太子。

夫差**连杀七名报信人，**对外封锁消息，

在霸主争夺者**晋国**面前秀肌肉，进行**武力威胁，**

才**勉强**当上了正式的霸主。

挣得这个**虚名**后，夫差赶紧回军救吴国老巢。

这时候**士气不足，**怕真和越国开战又打不赢，

只好派使者去越国那边**求和。**

勾践觉得自己现在实力还不够，一口吞不下吴国，

就同意了夫差的求和，**撤兵**回了越国。

然鹅

吴国只是暂时能喘口气，经过这场菊花突袭之战，

吴国和越国的强弱**关系开始逆转。**也就是说——

吴国被越国灭掉，只是迟早的事了。

几年之后，势力更强的越国发兵攻打吴国。

这一次，勾践把夫差逼到了绝境。

夫差派人向勾践求和，勾践差点心软答应，

好在范蠡劝住勾践别重蹈覆辙。

于是，勾践没有再犹豫，一口气灭了吴国。

但勾践还是决定**饶夫差不死，**

还想在偏僻的犄角旮旯里，封个百把户人家给他，

算是挺良善的了。

然鹅

沦落到这个地步的夫差，大概已经觉得做人都太枯燥了，

果断拒绝了勾践的好意，然后**拔剑自刎。**

据说他自杀时还**以发覆面，**怕去地府没脸见伍子胥。

一个曾经那么牛的吴国，各种暴打楚国、蹂躏越国，

却根本**没来得及跨入战国时代，**就从这个世界上**消亡**了。

第十三章

战败后，一国之君当了铲屎官

——吴越争霸

说完了夫差，接下来，

朕就来好好讲讲春秋时代**最后一位霸主——越王勾践，**

还有他的两位给力小伙伴**范蠡、文种。**

传说越国的始祖是**大禹。**

（对，就是治水的那个大禹）

越国的主体人口以**百越族**为主，

语言、习俗都**和中原华夏族不同。**

所以可怜的越国，被当成远离文明的**蛮夷国家，**

在中原人眼里就是小透明，中原史书都不怎么写越国，

导致越国历史有**一大段漫长的空白。**

不过到了**春秋中后期，晋国和楚国**两个超级大国，

为争夺霸权打得天昏地暗，却难分高下，

晋国就暗搓搓使了个阴招，

*在包邮地区扶持了***吴国，***猛捅了楚国的菊花。*

楚国也没闲着，

在包邮地区也扶持了**越国，**

准备猛捅吴国的菊花。

于是，春秋历史的主轴线从晋楚争霸换成了**吴越争霸，**

越国也因此正式上线。

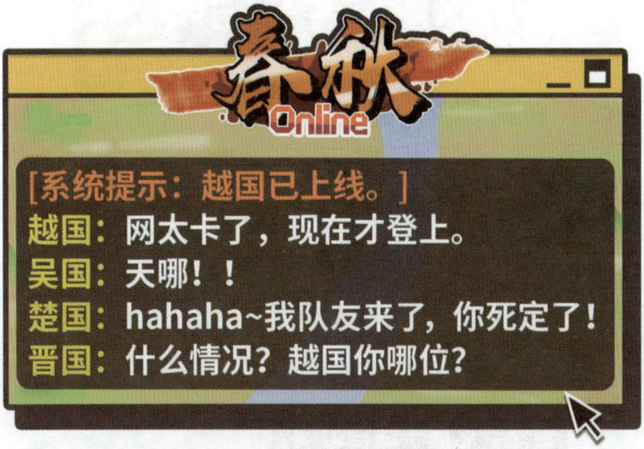

勾践的老爹**允常**在位的时候，

吴国和越国就已经打得昏天黑地了。

越王勾践即位当年，

更是用**死囚自杀来降低吴军士气**的奇怪阴招，

干掉了吴王**阖闾，**和吴国结下了大梁子。

大概因为越国**远离华夏文明核心区，**

没被中原那么多死板的**礼法拘束，**勾践很善于使用阴招，

活脱脱就是春秋时代的**阴招之王。**

传说勾践长得也特别，史书记载是**“长颈鸟嘴”，**

按当时面相学的说法，

像他这种人特别阴狠无情、刻薄寡恩。

不过即便如此，**范蠡**和**文种**两位在楚国混得不好的人才，

还是**移民**到了越国，开开心心地来到勾践手下打工。

起初他们并不受重用，

哪怕提出一些靠谱的建议，勾践也没工夫搭理。

吴王夫差即位后，立志**要为老爹阖闾复仇。**

勾践脑筋一转，决定再次玩个阴招，准备趁夫差不备，

对吴国来个**先发制人**的打击。范蠡怎么劝他都劝不住。

结果越王勾践**惨败**，

吴军还反攻到越国境内，大军把越国都城**诸暨**团团围住。

而在诸暨城内，勾践只剩下区区**五千残兵**，

要打也打不过，要守也守不住，

眼看是~~药丸~~要完的节奏啊！

就在这危急时刻，勾践灵光一闪，又想出对付吴国的**神招数：**

他让城里三千士兵扯开嗓门，对着城下吴军大喊大叫，

想用**音波攻击**的方式吓走吴军。

结果，夫差真被越国人的鬼哭狼嚎吓得不轻，

还好有**伍子胥**给他加油打气，才没有让吴军自乱阵脚。

勾践眼瞅招数不起作用，就在五千残兵的护持下，

杀出诸暨城，撤退到**会稽山**上。

吴军阴魂不散地跟了过来，**不仅包围了会稽山，**

还**切断了越军的水源，**摆明了就是要弄死越国的节奏。

好在勾践还有两个给力手下——范蠡和文种。

范蠡提出赶紧向吴国**求和，**哪怕勾践去给夫差当奴隶，

哪怕做牛做马，只要能保住越国就行。

如果夫差脑抽筋答应求和，那越国就还有**一线生机。**

文种临危受命，去吴军大营求和，

一通**嘴炮**下来，说得夫差很动心，就想接受越国的求和。

吴国的伍子胥太厉害，马上劝住了夫差：

吴越是天生的敌国，

有吴国就没越国，有越国就没吴国。

现在这么好的机会，不弄死越国，

以后后悔就来不及了！

文种看直接说服夫差有难度，

就带着**金银财宝和美女**，转而去贿赂吴国权臣**伯嚭。**

伯嚭拿人手短，卖力地在夫差面前为越国说好话，

说得夫差**心软**，竟然放着杀父之仇不报，

真的答应了勾践的求和。

虽然暂时保住了小命，

不过勾践作为战败一方，必须去吴国给夫差**当马仔。**

夫差很宽宏大量，答应给勾践**一年的时间**回去准备，

第二年必须来吴国报到。

勾践回到越国都城，哭着向全国百姓作了**检讨**，

总之千不该万不该，不该不自量力地主动打吴国。

至于老百姓会不会原谅他，朕觉得吧——

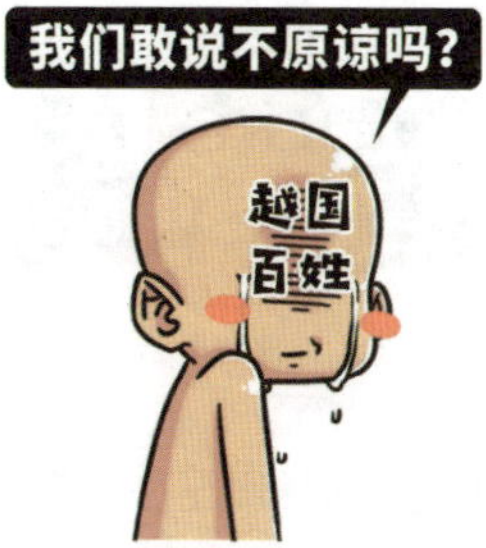

在接下来的时间里，勾践脑袋开窍了，

变身成**明君**一只（or 一头？），

埋葬战死者，救济受伤者，给老百姓更多的**福利。**

老百姓**不喜欢的法律，他也全部废除。**

他一下得到了全体越国人的拥护。

随后勾践做好安排，让处事稳重的**文种留守越国，**

让机智的**范蠡跟着他**一同赶赴吴国都城**姑苏**报到。

虽然夫差之前饶过勾践，

蛋是

从此**勾践的小命捏在夫差手里，**

一个不小心，搞不好就小命难保。

这一趟行程可以说非常凶险，和**走钢丝**差不多。

勾践来到吴国面见夫差，还是老样子，

伍子胥劝夫差动手杀勾践，

早被文种收买的伯嚭，还是一个劲儿为勾践说好话。

反正到最后，夫差没想杀勾践，

反倒**看上了勾践身边的范蠡，**觉得这家伙是个**人才，**

想把他从勾践身边挖过来。

夫差明确提出要让范蠡归顺吴国，

勾践吓得脸都绿了，以为范蠡真要**借机跳槽。**

没想到范蠡一口回绝：

多谢大王饶我们不死，

我希望做您的**清洁工、养马人**，这就够了。

蒙大王鸿恩，得君臣相保，愿得入备扫除，

出给趋走，臣之愿也。

——《吴越春秋》

反正就是明确告诉夫差：

我不想当你的手下，还是想跟着勾践混。

没办法，夫差只好把勾践和他老婆，还有范蠡，

一同**打发**到吴王阖闾坟冢旁边的**石洞**里生活。

白天勾践一身**马匹铲屎官**打扮帮夫差养马、除草，

勾践的老婆帮忙**扫地、捡马粪，**

就这样卑微地生活了三年。

勾践心里想手撕了夫差，

但表面上装得跟没事人一样。

夫斫剉养马，妻给水、除粪、洒扫。三年不愠怒，面无恨色。

——《吴越春秋》

有一天夫差和伯嚭登上高台，

暗中观察到勾践一伙**哪怕一边给马铲屎，**

一边还特别注重礼节，勾践和他老婆的夫妻之礼，

勾践和范蠡的君臣之礼，依然没有**荒废。**

按理说，夫差看了应该受到**10级惊吓，**

觉得勾践是个**威胁**才对。

夫差的大脑可能**有异于常人，**反倒觉得勾践人很不错，

心里一感动，外加身边的伯嚭一顿说情，

就打算放勾践回国。

可惜很不巧，夫差生了重病，范蠡**算准**夫差死不了，

过不了多久就会好，建议勾践去探望夫差的时候，

一定要勇敢品尝夫差的大便，

这样就能得到夫差的**绝对信赖。**

于是，**勾践真的吃了夫差的大便！**

顺便说一句，传说勾践品尝了大便之后，就染上了口臭的毛病。不得不说，夫差的大便真是后劲十足……

然后**笑嘻嘻地**告诉夫差：

恭喜大王！刚才微臣通过品鉴大王的御屎，得知大王病情已经开始好转，很快就会好了。

夫差感动得小心肝都快化了，一开心就让勾践搬出石洞。

不久，夫差疾病痊愈，看勾践的小眼神，

瞬间就从**有点警惕变成毫无防备，甚至充满慈爱，**

终于不顾伍子胥的反对，真的放勾践回国了。

历史终将证明，永远也不要相信连你的大便都敢吃的人！

三年！熬了整整三年！

勾践终于重获自由，回到了阔别已久的越国。

越国臣民早就排队迎接，

红旗招展、人山人海、锣鼓喧天、鞭炮齐鸣，

（哦对不起，春秋时代还没鞭炮）

反正很热闹就对了。

那么接下来，勾践会怎么发挥**阴招之王的本色，**

~~消除口臭（哦呸呸呸）~~

洗刷耻辱呢？

第十四章

真·阴招之王

——越王勾践灭吴

虽然尝粪之仇**不共戴天**，勾践立下大志要**复仇**，

现在吴国势力**如日中天**，

越国在吴国面前，就是**绝对的小弱鸡**，

要打败吴国，只能先想办法让**弱鸡**越国完成**华丽蜕变**。

好在越国有勾践，

以及他的两位天才小伙伴——

范蠡、文种。

① 金坷垃：一种肥料，因为其夸张的广告而走红于网络。

在范蠡的建议下，勾践重视**农业生产，**

和老百姓一起垦荒，~~并使用金坷垃化肥。~~

受战争破坏的**农业逐渐恢复，**

让越国拥有了充足的**粮食保证。**

因为之前的大战乱，越国损失了大量人口。

为了让越国人多力量大，

勾践制定了对**单身狗的爸妈非常不友好**的政策：

女子十七不嫁，其父母有罪；

丈夫二十不娶，其父母有罪。

除此之外，为了保障人口繁育，

勾践还**不准小伙子娶老太婆，**也不准**小姑娘嫁给老爷爷。**

越国老百姓要是生多了也不用怕养不起，

生两个孩子，**国家管饭；**

生三个孩子，**国家提供奶妈。**

生三人，公与之母；生二人，公与之饩。

——《国语·越语》

再加上越国对穷人福利不错，而且**十年不向百姓征税，**

老百姓负担轻，越国人口自然就噌噌上涨。

接下来，勾践想要锻造强大的军队。

他在民间找到一位**剑术高手**，也就是大名鼎鼎的**越女**，

（史书上并没有记载她的真实姓名）

聘任她当**越军的剑术教官。**

顺便说一句，**金庸小说《越女剑》**的主角**阿青，**

原型就是她。

越女阿青，可能是金庸笔下战斗力最强的人物之一，曾经一人挑翻了一支军队。

可以想想，越女训练出来的越国军队，

那普通士兵的战斗力妥妥地要**+10086，**逼近爆表的水平。

在这期间，勾践也变身成工作狂，

逼自己**坚持997处理国政。**

▼

他不穿华丽的衣服，只吃素，不吃荤菜，还亲自下地耕田。

最可怕的是，他还把**苦胆**挂在旁边经常舔舔，尝尝苦味，

提醒自己**吃屎不忘拉屎人，**

一定要找**拉屎人**夫差报仇。

这就是**“卧薪尝胆”**的故事。

（虽然卧薪这事，是后人加进去的）

传说勾践当年品尝过夫差的大便后，染上了**口臭**的毛病。

这些年他通过吃**鱼腥草**，

治好了这尴尬的病症。

在范蠡和文种的帮助下，~~口臭治好了，~~

农业和人口恢复了，军事也强大起来了，

勾践要报仇雪恨只差一样东西。

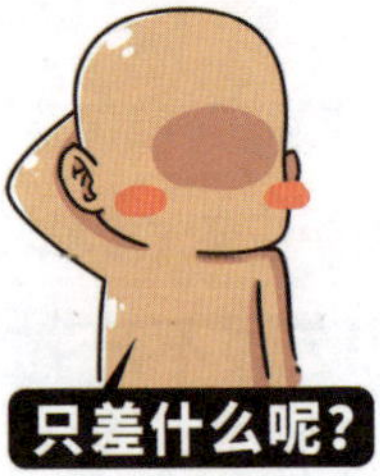

那就是**机会！**

一个能灭掉吴国的机会。

虽然吴国看似强大无比，但别忘了，

我们的主人公够贱勾践可是“**阴招之王**”。

就算本来没有机会，他**用阴招也能创造机会。**

接下来，在文种的建议下，

勾践发挥阴招之王的本色，把吴国**阴了个底朝天。**

阴招① 高价购买吴国的粮食

勾践动用高价，去**收购吴国的粮食**，

然后将粮食囤积在国内，**不吃也不用。**

你想想看，要是吴国**经济**出了问题，

恐怕老百姓连饭都吃不上，**很多人都得饿死。**

阴招② 送美女给夫差

其中最有名的美女，就是**西施**。

她本来只是**苎萝村**的村花，被越国特工负责人**范蠡**发掘，

搞到越国总部学习歌舞，然后被包装训练成**色情间谍**。

传说在这个过程中，范蠡和西施还产生了爱情的火花。

~~越国的规矩是严厉禁止办公室恋情。~~（大误）

为了越国灭吴大业，范蠡和西施只能隐藏起感情，

然后西施被送到了吴王夫差的御床上。

果然，吴王夫差被西施迷得**七荤八素**，开始不理朝政。

阴招③ 诱使夫差乱花钱

勾践还送给夫差各种**能工巧匠**，外加上好的**木材**，
让吴王夫差的生活越来越**朴实无华且枯燥**[①]，
诱使他花很多钱来建宫殿，趁机大力**消耗吴国国力**。

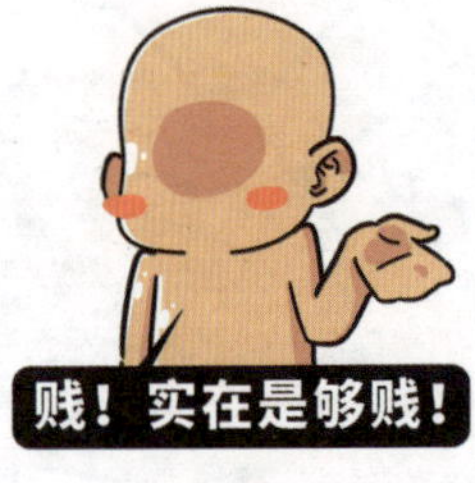

① 生活越来越朴实无华且枯燥：来源于网络上“有钱人的生活就是这样的朴实无华且枯燥”的梗，是一种另类的炫富。

阴招④ 鼓动夫差挑起战争

文种每年继续给吴国权臣**伯嚭**送钱，

让他**鼓动夫差对外扩张**，和北方的齐国争霸。

双方打得死去活来，这样就**进一步消耗了吴国国力。**

阴招⑤ 除掉吴国能臣伍子胥

文种还继续利用**伯嚭**，

打翻夫差和能臣**伍子胥**之间本来就破烂的友谊小船，

结果**伍子胥被赐自杀。**

反正这几大阴招，一同招呼在吴王夫差那里。

终于，**机会来了！**

夫差率领大军参加**黄池之会，**想要争当春秋霸主，

被勾践从背后突袭菊花！

这一下吴国元气大伤。

又过了一些年头，勾践终于率领越军灭掉了吴国，

吴王夫差**自杀身亡。**

勾践终于报了**尝粪之仇**。

勾践吞并了吴国原来的地盘，势力大大增强，

后来更是登上**霸主之位**，成为春秋时代**最后一位霸主**，

“霸主的终结者”。

蛋是

范蠡发现勾践这个人的面相是**“长颈鸟嘴”**，

只能共患难，不能同富贵，

下定决心要**功成身退。**

可勾践并不想放范蠡走，还威胁范蠡：

你要是不走，我和你一同管理朝政；

你非要走的话，信不信我弄死你！

勾践曰：“孤将与子分国而有之。不然，将加诛于子。”

——《史记·越王勾践世家》

但范蠡也没㞞，直接回答说：

大王你按你的法令来咯，我还是按我的想法办。

随后范蠡收拾了家当，招呼也没跟勾践打一声，

就辞职**泛舟太湖**去了，传说他还带上了大难不死的西施。

范蠡还写信劝**文种**：

飞鸟尽，良弓藏；狡兔死，走狗烹。

让他早点打算，也离开勾践。

文种心里也明白，跟着勾践把越国做大，

现在**不仅得不到福报，还可能随时被干掉，**

干脆**谎称生病，**向勾践请了长期病假，准备考虑考虑。

文种的生命，开始进入倒计时阶段……

再加上别有用心之人的挑拨，

勾践对文种起了**杀心**，终于赐了文种自尽。

据说文种自杀用的那把剑，

正是当年伍子胥自杀时用过的属镂剑。

文种死得惨，溜得早的范蠡就活得很潇洒，

后来三次经商成为**大富豪**，又三次很潇洒地散尽家财，

江湖人称**“陶朱公”**，

成了后世生意人心中的**大财神**。

而越国的结局嘛……

越国从春秋时代挺入**战国时代**，还是一大强国，

只不过又是老戏码，后来因为陷入**内乱**，国力迅速衰落，

就被楚国吞并了。

所以，你现在明白，为啥项羽以及他手下的江东子弟，明明是包邮地区的人，却又是货真价实的楚国人了吧？

第十五章 中国贵族精神唯一代言人

——『铁憨憨』宋襄公

贵族，这个被**烂俗偶像剧男主角**用烂了的身份，

这个让**土豪**羡慕得流口水的群体，

被无数民间历史“专家”称赞，

说他们天生自带超级多的**正能量属性：**

高贵、正直、仁义……

这些属性统称为——

“贵族精神”。

多少**怀春中二少女，**眼馋男贵族们高贵纯血的身子；

多少**吃饱了撑着**的土豪，

愿意掏钱学贵族们烦琐又无聊的礼仪，

以为只要**装**起来像贵族，那么——

土豪就变成了**如假包换的贵族。**

讲真，中国土豪要是真心想学如何成为一名贵族，

完全不必浪费机票跑国外去学。

因为在中国**春秋时代，**

刚巧就有一位贵族精神的极致传承人——

“春秋第一铁憨憨”宋襄公。

朕可以通过时光机把他请过来，

给土豪们开个**速成培训课程。**

要是各位**土豪**还在犹豫要不要报这个课程，

不急，可以先搬个小板凳坐下，

听朕说说这位宋襄公老师的**光荣事迹**。

成为贵族的第一奥义：

血统高贵，赛过纯种赛级柯基。

也就是说，要成为一名贵族，

追溯到**祖宗十八代，最好都得是贵族。**

我们的课程主讲宋襄公老师，

他的爸爸、爷爷都是宋国国君，**妥妥都是贵族。**

他的祖先是商纣王的哥哥**微子启**，因为给**周武王**当带路党，

后来被周王封到宋地，成为**宋国开国始祖。**

算下来，宋襄公拥有殷商王室血脉，血统是贵得**不要不要的。**

请问贵爹是？
土豪
ZSTV
贫农。

请问贵祖父是？
土豪
ZSTV
贫农。

请问贵祖上是？
土豪
ZSTV
和全世界的王室贵族一样，
来自东非大裂谷。

成为贵族的第二奥义：

拥有谦让的美德，胸口佩戴着无形红领巾。

我们的主讲老师宋襄公，是他老爹正妻的长子，

按照当时的**“嫡长子继承制”**，

他老爹一嗝儿屁，王位铁定是他的。

面对权力这种无数男人都抵挡不了的**极致诱惑，**

宋襄公贵族式的谦让美德发作，在老爹快**嗝儿屁**的时候，

请求把自己的太子之位，让给自己同父异母的哥哥**子鱼。**

子鱼听说后，当场表示**拒绝，**

赶紧收拾包袱，先逃往卫国暂避风头。

宋襄公这才没有把位置让出去，顺利即位为**宋国boss。**

咳咳！

总之，如果拥有宋襄公这种**谦让的美德，**

那就离成为一名真正的贵族又进了一步。

成为贵族的第三奥义：

信守诺言，哪怕赌上自己的小命也无所谓。

当年春秋初代的武林盟主**齐桓公，**在**葵丘**召开武林大会，

宋襄公也率团参加。

没想到在大会上，正牛气哄哄的齐桓公，

竟然拜托还是**愣头青**的宋襄公，

让他将来帮忙照顾齐国**太子昭。**

宋襄公激动得小心肝扑通扑通跳，一上头就答应了齐桓公。

没办法，谁叫俺是齐桓公的资深迷弟。

结果N多年后，齐桓公因宠幸奸臣惨死，

齐国爆发**内乱，**五位公子立刻上演抢宝座的戏码。

太子昭跑路到宋国，请求宋襄公帮他夺回国君的宝座。

虽然宋国的实力不怎么样，

宋襄公作为最有贵族精神的男人，

既然答应做人家的守护天~~屎~~使，

怎么会丢下太子昭不管呢？

当即号召了几个比宋国还弱的**鼻屎小国，**

一同派军队护送太子昭回齐国即位。

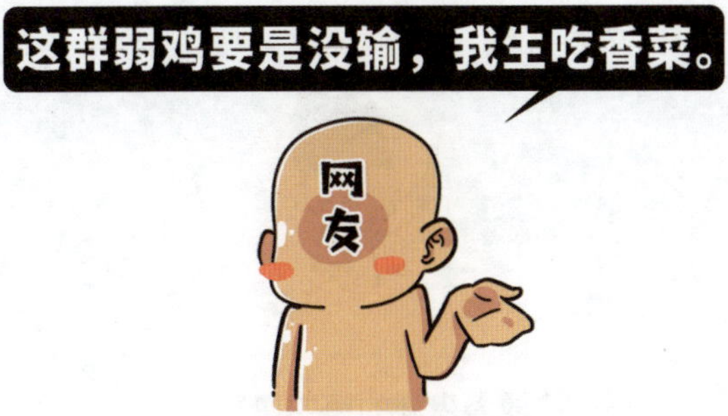

然鹅

自古“弱鸡”爱开挂，宋襄公带领的“弱鸡军团”，

竟然**开挂打赢了！**成功扶持太子昭当上了齐国boss。

就算赌上自己的小命，宋襄公也要信守诺言。

如果你也有宋襄公这份人格魅力，再次恭喜你——

离成为一名合格的贵族，就又又又进了一步啦！

成为贵族的第四奥义：

死守贵族的规矩，

就算被人骂成二愣子都无所谓。

成功扶持太子昭上位后，宋襄公信心爆棚，

想扛起齐桓公的**“仁义”大旗，**上位成为新一代武林盟主。

毕竟齐国经过前面的内乱，**国力已经hold不住霸权。**

宋襄公想当武林盟主，南方的**楚国**第一个不服。

不服那怎么办？

于是，帮郑国赶走宋国后，宋楚之间也打了起来，

那就是**泓水之战**。

按道理，宋国的兵力远远比不上楚国，

正面迎敌铁定**被暴揍**。

一个超级好的机会，就摆在宋襄公的眼前：

宋军已经在泓水岸边摆好阵势**准备开干**，

而楚军还没有完全渡过泓水。

宋襄公的哥哥子鱼，劝他赶紧对楚军发动突袭。可是——

宋人既成列，楚人未既济。司马曰："彼众我寡，及其未既济也，请击之。"公曰："不可。"

——《左传》

眼巴巴看着楚军过了河，但楚军的**集体pose**还没摆好，子鱼再次劝宋襄公发动突袭，打得楚军妈都不认识。

终于等楚军集体pose摆好，一切都**准备就绪，**

两方正面刚[1]了一波。

然后……

宋军惨惨惨惨败！

连宋襄公的大腿都中了一箭。

① 刚：网络词汇，此处表示正面对抗的意思。

后世有位伟人评价宋襄公，

说他是**“蠢猪式的仁义道德”**。

当代无数民间“专家”，对宋襄公的**行为**评价超级高，

说这是中国失传已久的贵族精神。

实际上，春秋贵族之间，

虽然经常因为互相看不顺眼而要干仗，

但打仗要讲究“贵族规矩”。

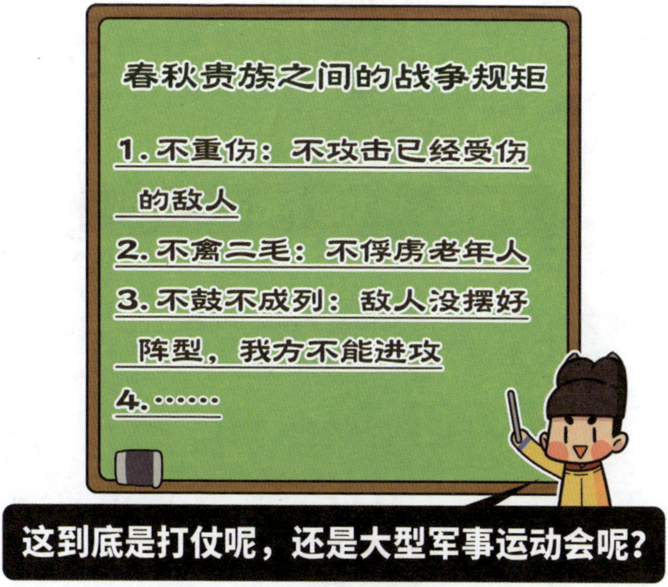

宋国拥有**殷商王族的高贵血脉，**

贵族们就**更讲究**这套规矩了。

宋国曾经发生内乱，**公子城**和**华豹**两个贵族玩打仗。

华豹射了公子城一箭，**没射中，**还想射第二箭。

公子城立即喊**“cut”，**说这不公平，明明该轮到我射你了。

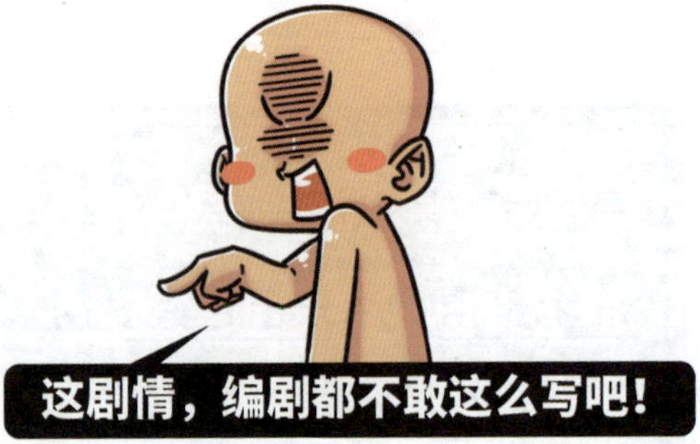

更离奇的是，华豹竟然**同意了，**放下弓等公子城射他。

然后华豹就——

被！射！死！了！

所以不难理解，哪怕宋襄公因为箭伤感染**嗝儿屁，**

哪怕从此宋国沦为**真•二流国家，**以致最终被**齐国**吞并，

宋襄公豁出老命，也要严格遵守贵族的打仗规矩。

他真不愧为

~~中国铁憨憨精神~~

中国贵族精神的唯一带盐代言人。

宋襄公老师的事迹，感人不？
土豪
感人。
他的贵族精神，值得学习不？
土豪
值得。
那你还不赶快报名？
土豪
好的好的，我马上报名。

宋（襄）公使邾文公用子于次睢之社，欲以属东夷。

——《左传》

这次省下一大笔智商税，还是下次遇到更高明的骗子，再拿出来交吧！
土豪
偷偷开溜~
喂喂喂，土豪别跑啊！立即报名参加课程，还可以给你来个五折优惠哦！

都怪你！搅黄了朕的生意！
我说错什么了吗？
??

第十六章

春秋最强心机boy

——『春秋小霸』的崛起与衰落

春秋战国大乱世，

就是一个**阴人狠人**年年有，**心机boy**遍地走的时代。

要说当中最心机的boy，当属**“春秋小霸”**——

郑庄公。

作为**史上最强心机boy，**郑庄公一路风骚操作，

带领郑国当上春秋初年的老大。

后来登场的“春秋五霸”，都得喊郑庄公一声**爸爸。**

那么问题来了，郑庄公的心机到底有多深呢？

郑庄公是**郑国boss三代目**，

有个非主流名字，叫“**寤**（wù）**生**”。

他**逆练**投胎术，出生的时候脚先冒出来，

害得他母上**武姜**难产，所以母上给他取了这个名字。

另一说法是郑庄公在武姜睡梦中出生。

所以武姜超级**嫌弃**郑庄公，

把泛滥的母爱都给了弟弟**共叔段**。

这让郑庄公的童年一直处于母爱缺失状态。

郑庄公老爹快**领便当**时，武姜还计划让共叔段当太子。

还好他老爹智商在线，没有同意，

郑庄公的位子才没被撸掉。

对于**偏心眼儿**的老妈，还有这么个**搞事情**的弟弟，

郑庄公恨得牙痒痒，恨不得立即抽出**40米大刀**干掉他们。

真要敢这么干，

郑庄公分分钟被人喷死。

毕竟在吃瓜群众看来，共叔段也没有做得太过分，

你郑庄公就手撕了弟弟，这就是**暴君石锤无疑**了。

郑庄公不愧为史上最强心机boy，弟弟罪不至死，

那就**慢慢惯着他，让他在作死之路上一路狂奔。**

郑庄公暗中布置好40米大刀，等弟弟突破作死底线，

再分分钟手起刀落，**名正言顺地**除掉弟弟这个祸患。

所以偏心老妈替弟弟索要**封地**，

阿庄哥哥答应了，同意把一座**大城京邑**封给老弟。

手下谋臣都劝他悠着点，阿庄哥哥表示——

京邑城池又大又舒服，共叔段往这块地上一趴，

心里没滋长点**邪念**，都对不起这块风水宝地。

谋臣没看出郑庄公的小心机，还劝他早点**喊cut**，

别让弟弟野心膨胀到原地爆炸。

郑庄公却说：

多行不义必自毙，姑且等着瞧吧！

接着，共叔段**吞并**了郑国边境领土，而且胃口越来越**大，**

根本控制不住自己。

但郑庄公藏好40米大刀，还是**连屁也不放一个。**

终于，共叔段作死到让老妈作**内鬼，**

准备杀进都城大干一场。

可惜所有不可描述的**交易**早就在郑庄公的掌握中，

他果断抽出饥渴难耐的40米大刀，

以**迅雷不及掩耳盗铃之势，**清除弟弟所有的势力。

共叔段的**封地被收回，**他逃亡后，在国外领了盒饭。

偏心老妈武姜被郑庄公软禁起来，郑庄公还发誓说：

不到黄泉，永不相见。

很快郑庄公就后悔了。

不过也有可能是，郑庄公意识到：

软禁老妈这种事**太超前、太过火，**

春秋初年的老百姓接受不了，搞不好会动摇自己的统治。

所以心机boy又心机了一把，想找个台阶下。

作为郑国最大的boss，**屁股一撅，就有人知道他想拉屎。**

很快就有小弟贡献了个剧本，

说挖个能渗出地下水的地道，然后母子**在地道碰面，**

这不就不违背誓言了吗？

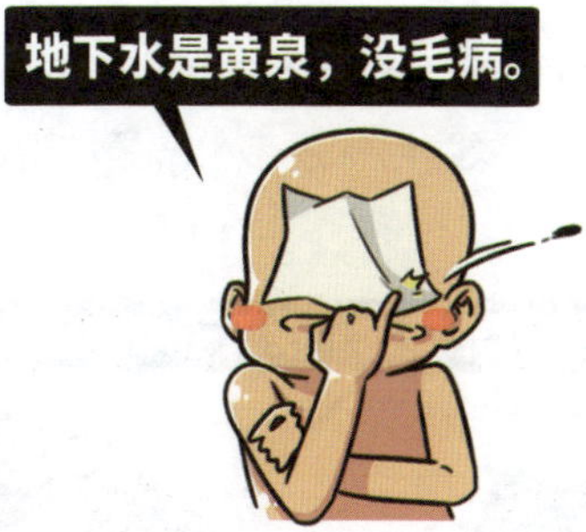

郑庄公按剧本**做足全套，**母子俩都戏精附体，

发挥**奥斯卡影帝影后**级别的演技，

分分钟来了个**感天动地的大团圆。**

考叔曰："穿地至黄泉，则相见矣。"于是遂从之，见母。

——《史记·郑世家》

心机boy搞定了国内，下一步，

就要让其他诸侯国也尝尝他心机的滋味。

首先，郑庄公利用自己**周王CEO**的身份，

借口宋国不服周桓王，各种蹂躏暴揍**宋国，**

有时候蹂躏目标还带上隔壁的**卫国。**

当周桓王觉得郑庄公太狂妄，

怕**hold不住**他，想把他CEO的权力**分出去一半时，**

郑庄公瞬间向周桓王露出了獠牙，

逼得周桓王**送王子当人质，**还抢割周桓王田里的麦子。

最最最过分的是，郑庄公还和周桓王**干了一架，**

手下一箭射中周桓王的肩头。

庄公与祭仲、高渠弥发兵自救，王师大败。祝聸射中王臂。

——《史记·郑世家》

手下请求郑庄公痛打落水狗，追捕周桓王的菊花。

郑庄公不想把事情做绝，把周天子逼成宿敌，

便分分钟心机变笑脸，

不仅没追捕周桓王，还派人去慰问周桓王的伤情。

总之，郑庄公耍心机很爽，一直心机一直爽，
终于混成了**“春秋小霸王”**。

心机了一辈子的郑庄公，

却没有料到自己几个儿子都不争气，

被心机权臣**祭仲**玩于股掌之上，挨个儿排队被废立。

郑国被搞得乱成一锅粥，国力瞬间雪崩，

从此沦为**二流小国。**

到战国时代，郑国又被“战国七雄”里最弱的**韩国**一口吞掉。

第十七章

工作绝缘体，在副业上取得的成就却无人能比

——孔子

这一次朕要说的这个历史人物，

无论是**中国人**还是**外国人**，肯定都听说过。

他就是——**孔夫子**。

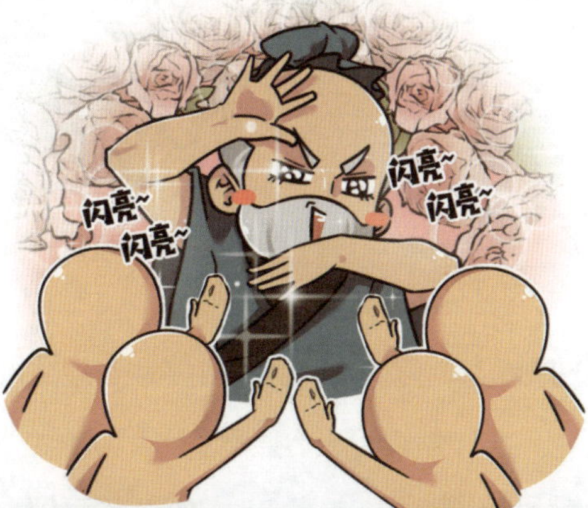

有位叫麦克·哈特的外国学者，鼓捣出一份“影响人类历史进程的100名人排行榜”，其中孔夫子名列第五。这也是中国人当中排名最高的。

别看后世尊称孔子为圣人，

孔子这一生还是挺坎坷的。

孔子年轻的时候，只能在鲁国当个小官，

而且薪水还贼低，有点满足不了孔子结婚生子后的开支需求。

孔子被逼得没办法，只好业余时间搞兼职，

赚点**外快**以补贴家用。

贵族婚丧嫁娶那些复杂的**礼仪，**孔子能背得滚瓜烂熟，

所以第一份兼职工作，

就是贵族家办红白喜事时，他去当**司仪。**

后来，孔子书读得更多了，学问更大了，

干脆自己创业，开起了**民办学校。**

甭管什么身份的学生，

只要给一条**腊肉干**当学费，就能跟着孔子学知识。

这一办，却办出了成绩。

后来，孔夫子被认为是“**伟大的教育家**”，

也是中国历史上**第一个搞民办教育的人。**

他培养了**三千**弟子，其中有**七十二**个非常优秀的学生，

比如子路、颜回等人，

更是被后世称为“**孔门七十二贤**”。

其实孔子心中一直有一个**伟大的梦想，**

那就是**恢复西周时期的社会秩序。**

那时候，天子、诸侯、大夫**等级分明，**

下一级服从上一级的权威，

各国诸侯好好服从天子，大夫好好服从诸侯。

可惜历史进入到**春秋时代**，

天子开始镇不住场子，各诸侯国之间打得**头破血流**。

各诸侯国内部，国君也开始镇不住场子，

父子兄弟间为夺权**杀来杀去**；

有势力的大夫家族也闹腾得厉害，

不仅**控制国君**，甚至还**流放国君、杀害国君**。

这种现象就是——

君不君，臣不臣，父不父，子不子。

孔子心中的理想社会则是——

君君臣臣、父父子子。

君主像君主的样子，臣子像臣子的样子，

大家**各安其位，**不同社会等级都安于自己的等级身份，

所有人乐呵乐呵，别想太多，

天下就没有那么多的战争、叛乱、阴谋，

世界将变成美好的人间。

这一点嘛，孔夫子当然也是考虑到了的。

虽然他认可**社会等级制度，**承认人应该有**贵贱尊卑**的差别。

他也**并不希望**看到统治者为所欲为、蹂躏百姓。

所以孔子提倡**“仁”**。

这也是孔子的核心思想。

▼

所谓“仁”，就是**“仁者爱人”，**

“己所不欲，勿施于人”。

也就是说——

如果统治者、贵族很**“仁”，**吃相不那么难看，

老百姓的日子还是**过得下去的。**

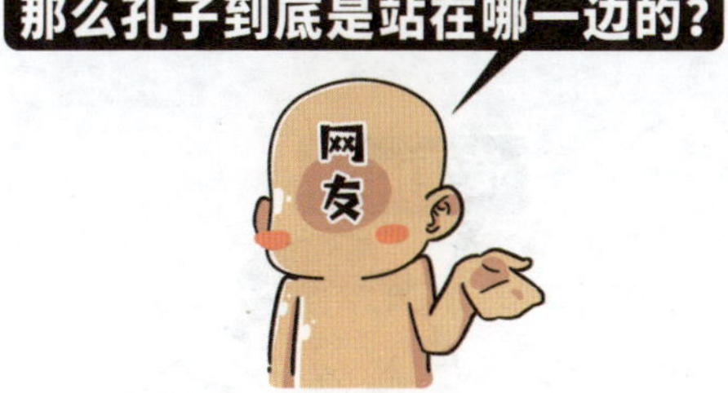

讲真，

你不能强求**两千五百年**前的孔子也提倡人人平等，

他肯定有他的**时代局限。**

但孔子这套“仁”的理念，

已经有相当程度的**人本主义**色彩，

在那个时代已经**非常进步了。**

在鲁国国内，孔子的伟大梦想没办法实现，

他觉得待着**没意思，**

只好率领众多弟子，开始了**周游列国的漫漫旅途。**

孔子想在外国溜达溜达，

看看有没有机会能获得重用，实现自己的**梦想。**

换句话说——

然鹅

生活，并没有对孔子更温柔一点。

孔子这趟出境游，**经历了不少磨难，**

痛苦程度直逼**唐僧西天取经。**

首先，孔子去了**卫国。**

不过卫国**政局乱糟糟**的，孔子并不想多待，

很快就启程往**陈国**跑，

结果在途经一个叫**匡城**的地方时，

~~就遇上西天取经~~

（哦，不）

遭遇了周游列国的第一难。

当时，孔子一行人经过匡城城墙下，

孔子的弟子**颜刻**指着城墙说：

看那城墙的缺口，当年我就是从这儿进城的。

没想到匡城百姓听到这话，个个**怒气满满，**

把孔子**强行扣押**了下来。

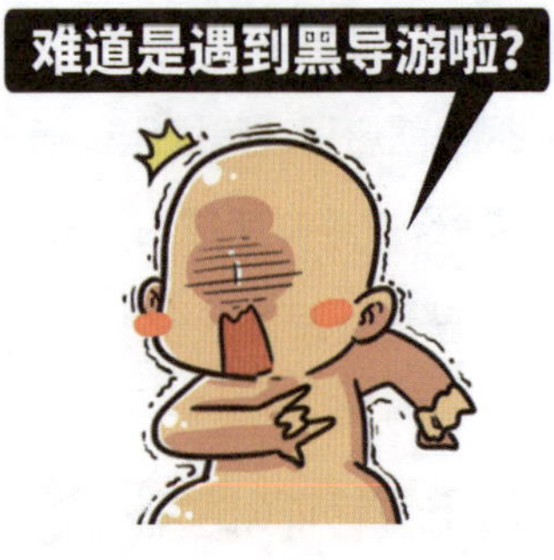

原来当年阳虎当鲁国话事人的时候，

曾经率鲁军**蹂躏**过匡城，颜刻曾是鲁军的一员。

所以匡城百姓**恨不得手撕**阳虎。

而刚巧孔子长得就像是阳虎的**克隆人**，

匡城百姓就把倒霉的孔子当成阳虎，

把孔子一伙人**强行扣留了五天。**

遇到这么一群气势汹汹、喊打喊杀的百姓，

孔子师徒一度失散。

尤其是孔子喜欢的弟子**颜回**，

孔子老长时间没看到他人影，还以为他死了，着急得不行。

好不容易从匡城**脱困**，孔夫子又返回卫国。

而这一趟回卫国可不得了，

生生给孔夫子整出一段**流传两千五百年的绯闻**。

卫灵公的夫人**南子**，生性风流，

竟然想**单独**和孔夫子见见面。

孔子拒绝不了，就去了。

结果这事之后，

关于南子和孔子的*风言风语*，就多了起来，

连学生**子路**也**埋怨**老师为啥要去见这么一个女人，

弄得孔子急了眼，**赌咒发誓**说：

俺要是干了什么不好的事，老天都不会放过俺！

子路不说。孔子矢之曰："予所不者，天厌之！天厌之！"

——《史记·孔子世家》

绯闻越传越**邪乎，**这破卫国孔子真不想待了，

于是他带着弟子们又开始了周游列国的旅途。

然鹅

在接下来的旅途中，孔子遇到了更多的**劫难。**

他来到**宋国，**

宋国的司马**桓魋**（tuí）放出话来要*弄死*孔子。

他来到**郑国，**和弟子**走散了。**

弟子们到处打听孔子的下落。一个郑国人说：

有一个人像条“丧家狗”一样，正独自站在外城的东门。

弟子们跑去一看，还真是**孔子本尊。**

他来到**陈国，**刚好陈国又不太平，

晋国、楚国、吴国轮番**暴揍**陈国，在陈国待久了也**危险。**

孔子*兜兜转转，*

想返回**卫国，**

结果半道上遇见卫国大臣**叛乱，**

孔子又被**扣留**在当地好些天。

好不容易**又又**回到卫国吧，孔子指望卫灵公能重用他。

不过卫灵公**急需**的可能是**军事人才。**

他曾经问孔子用兵的阵法，孔子却说：

摆弄礼器的事俺懂，军队作战的事俺也没学过。

反正最终孔子依然没得到重用，只好灰溜溜地离开卫国。

后来孔子来到**蔡国**，终于有个绝好的机会摆在他面前——

南方超级大国的老大**楚昭王**，

很有诚意地邀请孔子到楚国做客。

孔子在列国间奔波了这么久，

还是第一次有国君邀请他。

蔡国跟着**吴国**混，跟楚国人*不大对付*，

根本不愿意看到孔子去楚国。

孔子刚走到半道上，蔡国人就**杀了过来，**

把孔子包围起来，想逼他**返回蔡国。**

孔子**倔脾气**上来了，坚决**不肯**回蔡国，

蔡国人又没贼胆直接干掉孔子，所以双方就这么**僵持着。**

孔子等人一连受困好些天，粮食都吃光了，

又没法网上叫外卖，一群弟子都饿得起不了身。

孔老夫子倒是很**淡定。**

他自己也没辙。

多亏了他的弟子**子贡**跑出去向楚王请救兵，

才帮助孔子和弟子们**脱困。**

到了**楚国**，

楚昭王**超欣赏**孔子，准备送孔子一个超值大礼包，

直接把**七百里**土地封给孔子，让孔子在楚国开个**分公司。**

楚国丞相**暗地里**提醒楚昭王——

你手下有像子贡这样的外交人才吗？有像颜回这样的政务人才吗？

有像子路这样的将帅之才吗？

答案很显然——**没有。**

所以很明显，

如果给了孔子封地，而孔子学生中又有这么多牛人，

恐怕孔子等人会成为楚国的**祸害。**

于是，楚昭王的想法被彻底打消，

所以孔子在楚国也没能得到重用。

反正在外国晃荡了十四年，

孔子就没找到一份像样的工作，当了十四年的**无业游民。**

终于在年近七十的时候，孔子回了故乡鲁国，

不过依然没有受到重用。

孔子这时候年岁也大了，彻底**断绝**了当官的念想，

专注于**儒家经典文本，**也就是——

《诗》《书》《礼》《乐》《易》《春秋》

这“**六经**”的修订，

给中国古典文化的宝库留下了一笔**丰厚的遗产。**

不过话说回来，虽然孔子职场不顺，

但孔子培养的很多弟子都还混得可以。

比如说**子贡，**

不仅做过鲁国、魏国的相国，而且善于经商，超级有钱，

有空的时候，还帮鲁国搞搞外交，**化解危机。**

比如说**子路**，

在卫国混成大贵族**孔悝**的家族企业CEO。

又比如**冉有**，

在季孙集团混得不错，

他率领军队跟强国**齐国**硬碰硬，关键是还打赢了。

但……

晚年的孔子有点悲凉。

▼

他的独生子**孔鲤**先于他去世。

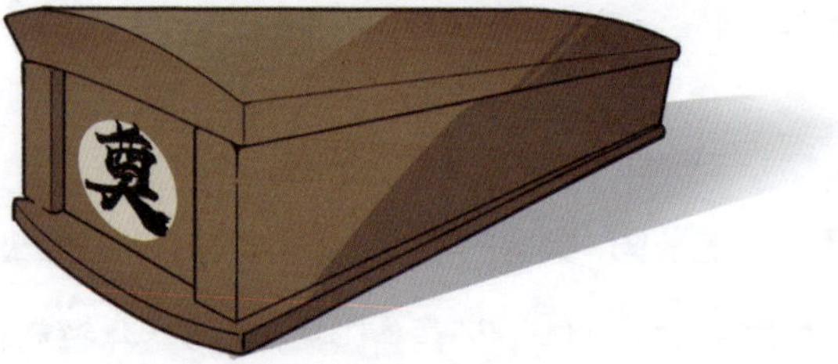

没多久，他**最喜欢**的学生之一**颜回，**也先于他而死。

一大把年纪的孔子哭得稀里哗啦，边哭边叫：

这是老天要我的命啊！

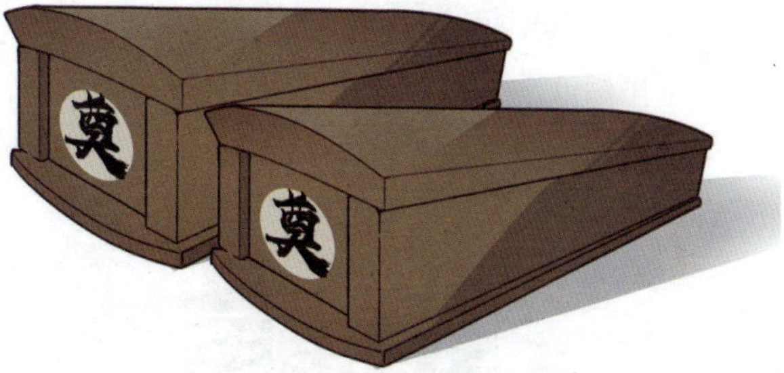

而另一个他偏爱的学生**子路，**在卫国遭遇*变乱*。

敌人砍断了子路冠帽上的带子。

没想到子路遵照**儒家的礼仪**——君子到死不解冠，

很神奇地停手不打，先动手**系带子。**

结果敌人没见过这架势，**毫不留情**就砍翻子路。

子路……

卒。

到七十三岁这一年，等**爱子爱徒**都死了以后，

孔子终于走完

他这哭过笑过、成功过失败过，

同时晚年不大顺当的一生。

虽然他个人的那些**伟大梦想**并没有实现，

好在他起初业余时间搞的副业——收学生教书，

在不知不觉中，给他的人生开辟了**另一条道路。**

他教出的学生，不仅成绩斐然，还收了更多的弟子，

把儒学进一步发扬光大。

在春秋晚期，那个礼崩乐坏成**渣渣**的时代，

各国掌权的**贵族凌驾于国君**之上，

肯定*不大爱听*孔子的那套理念。

直到后来中国完成大一统了，贵为天子的皇帝发现——

孔子的理念，对于**维护自己的统治，**

维护整个帝国秩序，有很大的好处。

于是乎，孔子一步步被拉上**神坛**也就不奇怪了。

不可否认的是，

孔子的理念，有**超脱**于他所处时代的地方。

他对中国文化的影响尤其巨大。

这些都是孔子了不起的地方。

第十八章

终结者的前身竟然是『原谅帝』

——秦穆公霸西戎

这一回，我们进入到**春秋系列的最终篇**——

“秦国篇”。

秦人始祖名叫**非子**，

大概非常精通母马配种学，以及母马的产后护理学，

给周王养马一年，马匹数量**增长了一倍。**

周王一高兴，大手一挥，把**秦邑**赐封给了非子。

（那地儿在今天的甘肃）

非子因此成为**秦国开国国君。**

西周末年，犬戎攻破西周都城**镐京**，干掉了**周幽王**，

秦国国君秦襄公护驾有功，护送即位的**周平王东迁洛邑。**

反正周平王的老巢**关中一带**已经被犬戎人占了，

周平王就给秦国开了张**空头支票**，

把关中岐山以西的土地都封给秦国，

说只要秦国赶走犬戎，那地儿都归你。

这类似于——

秦国人**非常给力**，经过一代又一代的努力，

愣是把关中平原这块**大肥肉**，差不多一口口地给**啃了下来。**

到了**秦穆公**即位的时期，

秦国已经成长为西方的小强，准备东出玩**春秋争霸。**

不过那时候的秦国，

和战国时代的画风**完全不一样！！**

战国时代的秦国是这样的——

而在秦穆公那个年代的秦国嘛，却是这样的——

没错！秦穆公这个人，还真是春秋时代的“**原谅帝**”。

他没有那么野蛮凶暴，反而生就了**一副好脾气**。

晋献公把女儿嫁给秦穆公，

把晋国抓来的战俘**百里奚**，当作陪嫁奴隶送给了秦穆公。

没想到**七十多岁**的百里奚**人老腿脚不老**，

分分钟搞出一段荡气回肠的**史诗级大逃亡**，

好不容易逃到楚国，结果又被楚国人**抓住，**

秦穆公花了**五张黑羊皮，**从楚国人那里**赎回**百里奚。

按理说，这种敢逃跑的奴隶，

被抓回来后应该是**老虎凳、辣椒水伺候，**

再不济也得**打断腿处罚**一下吧？

秦穆公不仅**没有处罚**百里奚，还立刻**释放并重用**了他。

后来，百里奚**当奶妈，**奶出了秦国的春秋霸业。

这一波“原谅”的**骚操作，**反正不亏。

还有一回，秦穆公的骏马丢了。秦国FBI**光速破案，**

原来骏马被**岐山三百个农民**捉住，当野味炖着**吃掉了。**

按理说，这种冒犯国君的大罪，怎么着都该**严惩**吧？

秦穆公不仅不追究农民的**罪责，**

还觉得吃骏马的肉得配美酒才行，

赶紧让手下免费**派送酒水饮料，**让三百个农民享受大餐。
三百个农民哪见过这架势，估计当场**感动得眼泪哗哗的，**
打定主意，这辈子都要做秦穆公霸业梦想的**守护天屎使。**

后来晋国发生了**大动乱，**晋献公一嗝儿屁，
晋献公的小老婆**骊姬，**就想扶持自己生的孩子上位，
引发了晋国铁王座大作战，**晋国乱成了一锅粥。**
朕之前可是讲过的。

翻到69页了解**晋国抢椅子大赛**

晋献公的其中一个儿子**夷吾**，跑来求姐夫秦穆公帮忙。

秦穆公二话没说，**派军队护送夷吾回晋国即位。**

虽然夷吾承诺说只要抢到晋国铁王座，

就把**黄河以西的八座城池**送给秦国，

但真等夷吾上位为晋惠公，然后——

嗯……就没有然后了。

按理说，小舅哥晋惠公这么**没羞没臊地耍无赖，**

秦穆公要是能逮到机会，肯定要**好好收拾一下**他吧？

没多久，晋国发生大旱，

晋惠公竟然又**死皮赖脸地**找秦国**借粮。**

有人提建议说，不仅不要借粮，还要趁机**出兵暴揍**晋国。

于是秦国下决心援助晋国**抗灾**，给了晋国大量的粮食。

不过嘛，对于晋国这种霸道不讲理的国家，

好心只能是喂了狗了。

等过了些年，秦国闹旱灾，不得不**向晋国救助**的时候，

晋国不仅不打算救援，**反而派大军杀向了秦国。**

秦晋双方**大战一场，**结果秦穆公被晋军团团包围，

被打成**残血，**就等着晋军上来补刀。

就在这**关键时刻，**当年被秦穆公原谅的三百农民，

化身东方版**“斯巴达三百勇士”，及时赶来救援。**

在这群“秦巴达”的火力支援下，

秦穆公**反败为胜，**成功俘虏了倒霉的晋惠公。

晋惠公这种**背信弃义的小人，**

就算拖出去祭天都算便宜了他。

架不住秦穆公的老婆亲自下场，为倒霉弟弟**求饶，**

所以呢……

…………

嗯，没错——

所以，晋惠公被放回了晋国。

当然这一回他**学乖了，**欠下的人情债，他乖乖肉偿了，

把河西之地这块**大肥肉，**打包**送给了秦国，**

还把自己的儿子**太子圉**（yǔ）送到秦国**当人质。**

不过太子圉在秦国也没被虐待，秦国**好吃好喝地供着他，**

还把秦国**宗室之女**~~坏淫~~（口误）**怀嬴，**嫁给了太子圉。

过了几年，晋惠公得了重病，眼瞅着要挂了。

太子圉怕晋国**铁王座保不住，**

连招呼都不跟秦穆公打一声，就**偷偷**溜回了晋国。

后来等晋惠公一嗝儿屁，太子圉即位，**是为晋怀公。**

而这一回，就算是身为原谅帝的秦穆公，

也不能忍了。

他决定干掉晋怀公，然后**扶持别人登上晋国宝座。**

他左挑右选，选中一位晋国公子。

这位公子**骨骼精奇、双目重瞳，**简直浑身上下都是畸点，

一看就是要成大器的材料。

这位公子就是——**晋文公重耳。**

那时候，晋文公还在楚国**流亡。**

秦穆公把他接到秦国，各种好吃好喝地款待，

还把晋怀公遗弃在秦国的老婆怀嬴，**重新嫁给了晋文公。**

虽说按照辈分来讲，怀嬴本来是晋文公的**侄媳，**

这关系整得有点乱。

总之，在秦穆公的**全力支持下，**

晋文公杀回晋国，**成功上位。**

然后晋国一跃成为**头等超级大国，**

晋文公也成为**春秋霸主二代目。**

晋文公在位期间，秦国和晋国的**关系相当好。**

晋文公在的时候，秦穆公**不敢搞事情。**

等晋文公一嗝儿屁，秦穆公的野心开始**爆炸，**

他准备**取代**晋文公成为春秋霸主，便派出**三名大将东征，**

向东偷袭郑国未遂，就顺手去晋国边邑**抢了一把，**

结果在得胜回国的路上，被晋国打了个**伏击，**

秦军全军覆没！！

这就是历史上著名的**崤之战。**

三名将军被晋国活捉后，又被**送回秦国。**

按理说，这种败军之将，

被拖出来祭天以平息国内老百姓的怒火，

应该是国君的**常规操作。**

三名大将不仅没受到处罚，反而得到了**更多优待，**

心里对秦穆公别提有多感激了。

终于在N多年后的一次和晋国的大战中，

三位大将**超常发挥，打了一场漂亮仗，**

报了崤之战惨败的大仇。

不过秦穆公终究还是**明白人，**知道国力比不过晋国。

柿子要拣软的捏，他对付不了晋国，

但是对付西边那些戎狄小国，还是**绰绰有余**的。

很快，他灭掉了**十二个**戎狄小国，开拓了一大片疆土。

所以史书上说**“穆公霸西戎”。**

总结一下秦穆公的霸业秘诀，其实就两个字——

原谅。

原谅了**逃亡的奴隶**，他得到了一个贤明的大臣百里奚；

原谅了**偷吃骏马的农民**，他得到了秦巴达三百勇士；

原谅了**三个战败的将军**，他得到了一场找回尊严的胜利。

当然这招也**不是万能**的，要使用还得看情况。

比如，如果男/女友多次劈腿，

看架势根本**拉不住**，你也选择原谅的话，

你只能悲惨地收获一顶又一顶的**绿帽**。

（本书完，战国精彩继续……）

春秋大事纪年表

- 公元前 770 年，周平王迁都洛邑，春秋时期开始。
- 公元前 685 年，齐桓公即位，任管仲为相。
- 公元前 679 年，齐桓公称霸。
- 公元前 638 年，宋、楚泓水之战，宋襄公败。
- 公元前 632 年，晋、楚城濮之战，楚军大败，晋文公称霸。
- 公元前 627 年，秦晋崤之战，晋国大胜。
- 公元前 623 年，秦穆公称霸西戎。
- 公元前 613 年，楚庄王即位。
- 公元前 597 年，晋楚邲之战，晋军大败，楚庄王称霸。
- 公元前 551 年，孔子出生。
- 公元前 506 年，吴王阖闾伐楚，大败楚国，伍子胥鞭尸楚平王。
- 公元前 496 年，越王勾践大败吴军，吴王阖闾因伤势过重而死，吴王夫差即位。
- 公元前 494 年，吴王夫差大败越国，越王勾践投降，成为吴王奴仆。
- 公元前 482 年，越王勾践攻陷吴都，俘虏吴太子。
- 公元前 481 年，齐国大权落入田氏手中。

感谢所有为本书奋斗的朋友，朕将为此书出版呕心沥血的诸位好友的芳名刊印于此，以期永存。

功绩不问高低，以下排序不分先后：

黄泽涛　刘开举　肖　航　陈震毅

江宗烨　陈丽亚　曾黛琪　马晓丹

沈雪莹　杨慧慧　曾凯麟　陈晓笙

商若梅　侯　健　汤焕驹

其中，特别感谢小江对朕说的巨大付出，他对知识的热爱和探索将永远地激励我们。